RICETTARIO DEI SAPORI TROPICALI DELLE FIJI

Abbraccia la fusione unica di sapori che definiscono la cucina delle Fiji

Viola Ferrari

Diritto d'autore Materiale © 2023

Tutto Diritti Riservato .

NO parte Di Questo libro Maggio Essere usato O trasmesso In Qualunque modulo O di Qualunque significa senza IL corretto scritto consenso Di IL editore E diritto d'autore proprietario, tranne per breve citazioni usato In UN revisione. Questo libro Dovrebbe non Essere considerato UN sostituire per medico, legale, O altro professionale consiglio.

SOMMARIO

SOMMARIO..3
INTRODUZIONE..7
COLAZIONE..8
1. Panini al cocco delle Fiji..9
2. Pane al cocco delle Fiji...12
3. Torta al miele delle Fiji..14
4. Torta al budino delle Fiji...17
5. Lovo..20
6. Parāoa Parai (pane fritto senza glutine).........................22
7. Pancake alla banana delle Fiji..25
8. Toast francese in stile Fijiano...27
9. Crêpes Di Farina Di Ceci..29
10. Crêpes alla crema di grano...32
ANTIPASTI...35
11. Ceviche al cocco delle Fiji..36
12. Gnocchi di taro e cocco delle Fiji..................................39
13. Patatine di manioca delle Fiji..41
14. Samosa di pollo delle Fiji...43
15. Bignè al curry di pesce delle Fiji...................................45
16. Gamberetti al cocco delle Fiji..47
17. Noci tostate speziate delle Fiji......................................49
PORTATA PRINCIPALE..51
18. Riso fritto delle Fiji...52
19. Chop Suey di pollo alle Fiji...54
20. Mahi Mahi alla griglia delle Fiji...................................57
21. Pollo Alla Griglia Nel Forno Sotterraneo....................60
22. Polpo delle Fiji stufato in crema di cocco....................63
23. Pesce al cocco delle Fiji con spinaci e riso...................66
CURRY E ZUPPE...69
24. Pollo delle Fiji, pomodoro e curry di patate...............70
25. Curry di granchi delle Fiji...73
26. Gamberetti al curry delle Fiji..76

27. Curry al cocco e manioca..79
28. Curry d'anatra delle Fiji..82
29. Curry di pesce delle Fiji..85
30. Curry di capra delle Fiji...88
31. Zuppa di taro e spinaci delle Fiji..91
32. Stufato di agnello delle Fiji..93
33. Curry di cavolo riccio e zucca delle Fiji...............................96
34. Curry di lenticchie e spinaci delle Fiji..................................98
35. Curry di lenticchie e chipotle delle Fiji..............................100
36. Curry alla senape e fagioli delle Fiji...................................102
37. Curry di fagioli bianchi e riso delle Fiji..............................104
38. Quinoa rossa delle Fiji con patate.......................................106
39. Lenticchie rosse al curry delle Fiji......................................109
40. Curry di piselli dall'occhio nero delle Fiji..........................112
41. Curry di ceci delle Fiji..114
42. Lenticchie miste al cocco delle Fiji....................................117
43. Zuppa di pomodoro e barbabietola delle Fiji al curry 120
44. di zucca e cocco delle Fiji..122
45. Zuppa di cavolfiore alla curcuma delle Fiji.......................124
46. Stufato di agnello piccante delle Fiji..................................127
47. Zuppa di lenticchie rosse delle Fiji.....................................130
48. Curry di pollo al burro delle Fiji...133
49. Peperoncino di pollo tritato delle Fiji................................136
50. Curry di pollo e spinaci delle Fiji.......................................139
51. Gamberetti al cocco al curry delle Fiji..............................142
52. Agnello delle Fiji vindaloo Fusion......................................145
53. Curry di manzo al cocco delle Fiji.....................................148
CONTORNI E INSALATE...150
54. Roti (focaccia delle Fiji)...151
55. Cocco e manioca al vapore delle Fiji.................................153
56. Foglie di taro bollite delle Fiji e crema di cocco...........155
57. Uva marina delle Fiji..157
58. Melanzane arrostite alle Fiji con erbe aromatiche......159
59. Insalata di pesce crudo delle Fiji (Kokoda)...................161
60. Roti al cocco delle Fiji..164

61. Insalata di papaya verde delle Fiji..................................167
62. Insalata di ananas e cetrioli delle Fiji............................169
63. Taro alla crema delle Fiji (taro in crema di cocco)......171
CONDIMENTI..173
64. Chutney piccante di tamarindo delle Fiji....................174
65. Pasta di zenzero e aglio...176
66. Salsa di peperoncino piccante delle Fiji (Buka, Buka) 178
67. Salsa al tamarindo delle Fiji..180
68. Sambal al cocco delle Fiji...182
69. Salsa di foglie di taro delle Fiji (Rourou Vakasoso)....184
70. Mango sottaceto delle Fiji (Toroi)................................186
71. Chutney di mango e peperoncino delle Fiji................188
72. Chutney di coriandolo e lime delle Fiji.......................190
73. Salsa di ananas delle Fiji...192
DOLCE..194
74. Torta alle banane delle Fiji..195
75. Torta di manioca delle Fiji..198
76. Raita delle Fiji..200
77. Platani delle Fiji cotti nel cocco..................................202
78. Torta di ananas delle Fiji..204
79. Torta alla crema pasticcera in stile Fiji con condimenti
....206
80. Budino di tapioca e banane delle Fiji.........................209
81. Zuppa di ananas e cocco delle Fiji.............................211
82. Crostata al cocco delle Fiji (Tavola)............................213
83. Budino di banane e cocco delle Fiji............................215
84. Palline di taro e cocco delle Fiji (Kokoda Maravu).....217
85. Pane alle banane e ananas delle Fiji.........................219
BEVANDE..221
86. Bevanda alla radice di Kava delle Fiji.......................222
87. Frullato di banane delle Fiji.......................................224
88. Punch all'ananas delle Fiji...226
89. Cocktail Fijiano al cocco e rum...................................228
90. Birra allo zenzero delle Fiji...230
91. Papaya Lassi delle Fiji...232

92. Punch al rum delle Fiji..234
93. Frullato di ananas e cocco delle Fiji............................236
94. Lassi di mango delle Fiji..238
95. Mojito al cocco delle Fiji...240
96. Tè allo zenzero e citronella delle Fiji..........................242
97. Dispositivo di raffreddamento del tamarindo delle Fiji
....244
98. Kava Colada delle Fiji..246
99. Raffreddatore di anguria e menta delle Fiji.................248
100. Cocktail di passione delle Fiji.....................................250
CONCLUSIONE..252

INTRODUZIONE

Benvenuti a "RICETTARIO DEI SAPORI TROPICALI DELLE FIJI". Le Fiji, un gioiello nel cuore del Pacifico meridionale, non vantano solo straordinarie bellezze naturali, ma anche una tradizione culinaria ricca e diversificata che riflette la vivace cultura e storia delle isole.

Nelle pagine seguenti, ti invitiamo a intraprendere un'avventura gastronomica, esplorando la fusione unica di sapori che definiscono la cucina delle Fiji. Dalle coste di Viti Levu ai remoti villaggi di Vanua Levu, la cucina delle Fiji riflette la diversità culturale della nazione, con frutti di mare freschi, frutti tropicali, spezie aromatiche e metodi di cottura tradizionali come il lovo, il forno di terra.

Questo libro di cucina è la chiave per svelare i segreti della cucina delle Fiji, che tu sia uno chef esperto o un entusiasta cuoco casalingo. Insieme, approfondiremo il cuore delle tradizioni culinarie delle Fiji, scopriremo preziose ricette di famiglia e le adatteremo alla tua cucina. Quindi, prendi i tuoi ingredienti, abbraccia le vibrazioni tropicali e iniziamo questo viaggio saporito attraverso i gusti delle Fiji.

COLAZIONE

1. Panini al cocco delle Fiji

INGREDIENTI:
- 3 tazze di farina per tutti gli usi
- 1/4 tazza di zucchero semolato
- 1 bustina (7g) di lievito secco istantaneo
- 1/2 cucchiaino di sale
- 1/2 tazza di acqua tiepida
- 1/2 tazza di latte di cocco
- 1/4 tazza di olio vegetale
- 1 cucchiaino di estratto di vaniglia
- Cocco essiccato (facoltativo, per guarnire)

ISTRUZIONI:
a) In una ciotola capiente, mescolare la farina multiuso, lo zucchero semolato, il lievito secco istantaneo e il sale.
b) In una ciotola separata, unisci l'acqua tiepida, il latte di cocco, l'olio vegetale e l'estratto di vaniglia.
c) Aggiungere gradualmente gli ingredienti umidi a quelli secchi, lavorando l'impasto fino a renderlo liscio ed elastico. Potete utilizzare una planetaria dotata di gancio per impastare oppure impastare a mano su una superficie infarinata.
d) Mettete l'impasto in una ciotola unta, copritela con un canovaccio umido e lasciate lievitare in un luogo tiepido per circa 1 ora o fino al raddoppio del volume.
e) Preriscalda il forno a 175°C (350°F).
f) Riprendere l'impasto lievitato e dividerlo in piccole palline.
g) Disporre le palline su una teglia foderata con carta da forno.
h) Facoltativo: spennellare la superficie dei panini con un po' di latte di cocco e cospargere sopra il cocco essiccato.

i) Cuocere nel forno preriscaldato per circa 15-20 minuti o fino a quando i panini saranno dorati.

j) Sfornare e lasciare raffreddare leggermente i Fijian Coconut Buns prima di servire.

2. Pane al cocco delle Fiji

INGREDIENTI:
- 3 tazze di farina per tutti gli usi
- 2 cucchiaini di lievito in polvere
- 1/2 cucchiaino di sale
- 1/2 tazza di zucchero semolato
- 1 tazza di cocco essiccato (non zuccherato)
- 1 tazza e 1/4 di latte di cocco
- 1/4 tazza di olio vegetale
- 1 cucchiaino di estratto di vaniglia

ISTRUZIONI:
a) Preriscalda il forno a 175°C (350°F). Ungere una teglia.
b) In una grande ciotola, sbatti insieme la farina per tutti gli usi, il lievito, il sale, lo zucchero semolato e il cocco essiccato.
c) In una ciotola separata, mescola il latte di cocco, l'olio vegetale e l'estratto di vaniglia.
d) Aggiungere gradualmente gli ingredienti umidi a quelli secchi, mescolando fino ad ottenere un composto ben amalgamato. Fai attenzione a non mescolare in eccesso.
e) Versare l'impasto nella teglia unta.
f) Cuocete nel forno preriscaldato per circa 45-50 minuti o fino a quando uno stuzzicadenti inserito al centro ne uscirà pulito.
g) Lasciare raffreddare il pane al cocco nella padella per 10 minuti prima di trasferirlo su una gratella a raffreddare completamente.
h) Affetta e goditi il pane al cocco delle Fiji con burro o le tue creme spalmabili preferite.

3. Torta al miele delle Fiji

INGREDIENTI:

- 2 tazze di farina per tutti gli usi
- 1 cucchiaino di lievito in polvere
- 1/2 cucchiaino di bicarbonato di sodio
- 1/4 cucchiaino di sale
- 1 cucchiaino di cannella in polvere
- 1/2 cucchiaino di noce moscata macinata
- 1/2 tazza di burro non salato, ammorbidito
- 1/2 tazza di zucchero semolato
- 1/2 tazza di miele
- 2 uova grandi
- 1 tazza di yogurt bianco
- 1 cucchiaino di estratto di vaniglia
- Glassa al miele (facoltativa, per condire)

ISTRUZIONI:

a) Preriscalda il forno a 175°C (350°F). Imburrare e infarinare una teglia da 9x13 pollici.

b) In una ciotola media, sbatti insieme la farina per tutti gli usi, il lievito, il bicarbonato di sodio, il sale, la cannella in polvere e la noce moscata macinata.

c) In una grande ciotola separata, lavorare il burro ammorbidito e lo zucchero semolato fino a ottenere un composto chiaro e soffice.

d) Sbattere il miele e le uova, uno alla volta, fino a quando non saranno ben amalgamati.

e) Aggiungere lo yogurt bianco e l'estratto di vaniglia agli ingredienti umidi e mescolare fino ad ottenere un composto omogeneo.

f) Aggiungere gradualmente la miscela di farina secca agli ingredienti bagnati, mescolando fino a quando non saranno ben amalgamati. Fai attenzione a non mescolare in eccesso.

g) Versare l'impasto nella teglia preparata e distribuirlo uniformemente.

h) Cuocere nel forno preriscaldato per circa 25-30 minuti o fino a quando uno stuzzicadenti inserito al centro esce pulito.

i) Opzionale: spruzzare la glassa al miele sulla torta calda per aggiungere dolcezza e lucentezza.

j) Lasciare raffreddare la torta al miele delle Fiji prima di affettarla e servirla.

4. Torta al budino delle Fiji

INGREDIENTI:
- 1 tazza di farina per tutti gli usi
- 1/2 tazza di zucchero semolato
- 2 cucchiaini di lievito in polvere
- 1/4 cucchiaino di sale
- 1/2 tazza di latte
- 2 cucchiai di burro non salato, sciolto
- 1 cucchiaino di estratto di vaniglia
- 1/2 tazza di zucchero di canna
- 1/2 tazza di noci tritate (come noci o noci pecan)
- 1 tazza di acqua bollente
- Panna montata o gelato, per servire (facoltativo)

ISTRUZIONI:
a) Preriscalda il forno a 175°C (350°F). Ungere una teglia da 9x9 pollici.
b) In una ciotola media, mescolare insieme la farina per tutti gli usi, lo zucchero semolato, il lievito e il sale.
c) Mescolare il latte, il burro fuso e l'estratto di vaniglia fino ad ottenere una pastella liscia.
d) Distribuire uniformemente l'impasto nella teglia preparata.
e) In una ciotola separata, mescolare insieme lo zucchero di canna e le noci tritate.
f) Cospargere il composto di zucchero di canna e noci sull'impasto nella teglia.
g) Versare con attenzione l'acqua bollente in modo uniforme sopra la miscela nella teglia. Non mescolare.
h) Cuocere nel forno preriscaldato per circa 30-35 minuti o fino a quando la torta sarà dorata e uno stuzzicadenti inserito nella parte della torta risulterà pulito.

i) Lasciare raffreddare leggermente la torta al budino delle Fiji prima di servire.

j) Servire caldo con panna montata o gelato, se lo si desidera, per un dessert delizioso.

5. Lovo

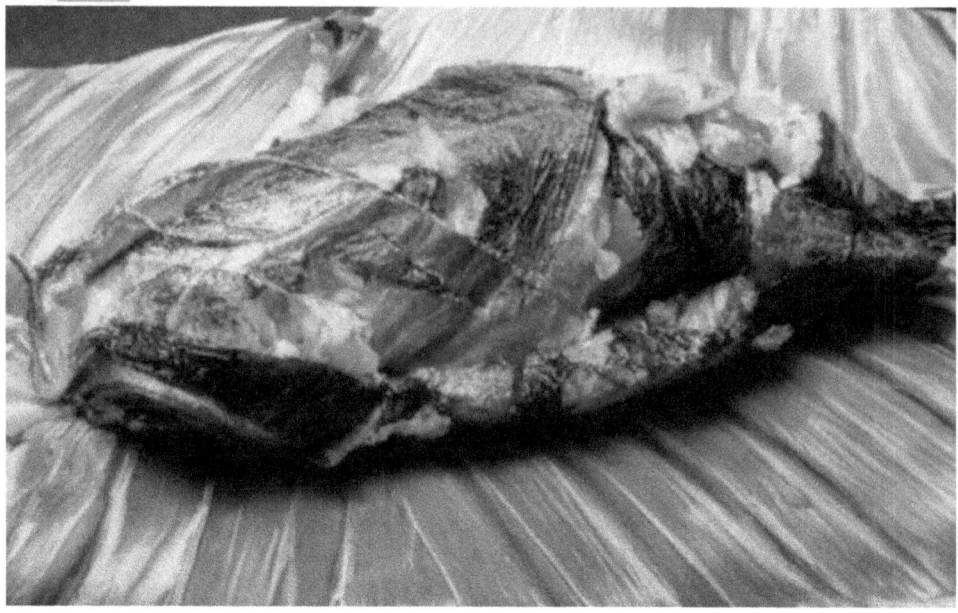

INGREDIENTI:
- Manioca
- Radice di taro
- Patate dolci
- Pannocchie di mais
- Latte di cocco

ISTRUZIONI:
a) Avvolgi la manioca, la radice di taro, le patate dolci e il mais in foglie di banana.
b) Metti le verdure avvolte in un forno sotterraneo (lovo) o in un forno normale a 180°C (350°F).
c) Cuocere per 1-2 ore fino a quando le verdure saranno tenere.
d) Servire con latte di cocco appena spremuto.

6. Parāoa Parai (pane fritto senza glutine)

INGREDIENTI:

- 250 g di mix di pane sano
- 8 g di lievito secco attivo
- 15g Zucchero o miele
- ½ cucchiaino di sale
- 300 ml di acqua - leggermente tiepida

ISTRUZIONI:

a) Unisci tutti gli ingredienti insieme fino a formare un impasto.

b) Impastare delicatamente fino a formare una palla, quindi lasciarla nella ciotola e coprire con un canovaccio. Lasciare lievitare fino al raddoppio del volume, ca. 1 ora, questa non importa se viene lasciata un po' più a lungo perché la vuoi leggera e ariosa.

c) Rimuovere l'impasto lievitato dalla ciotola su una panca leggermente infarinata. Stendere delicatamente l'impasto ad uno spessore di 15 mm e tagliarlo in quadrati di 6x6 cm.

d) Scaldare una pentola di olio di medie dimensioni a 165°C. Mettere l'olio abbastanza in profondità in modo che l'impasto non tocchi la base e possa galleggiare durante la cottura.

e) SUGGERIMENTO: per verificare che la temperatura sia sufficientemente calda, immergere l'estremità di un cucchiaio di legno nell'olio. Se fa le bolle, l'olio è pronto. L'olio è troppo caldo se l'impasto diventa dorato troppo velocemente e l'interno è ancora pastoso/crudo.

f) Mettere delicatamente l'impasto nell'olio caldo in porzioni e cuocere fino a doratura, ca. 30 secondi per lato. Una volta cotte, toglietele dall'olio e trasferitele su un piatto foderato di carta assorbente. Lasciare riposare 5 minuti prima di servire.

7. Pancake alla banana delle Fiji

INGREDIENTI:
- 2 banane mature, schiacciate
- 1 tazza di farina per tutti gli usi
- 1 cucchiaino di lievito in polvere
- 1/2 tazza di latte
- 1 uovo
- 2 cucchiai di zucchero
- Burro o olio per cucinare

ISTRUZIONI:
a) In una ciotola, unisci le banane schiacciate, la farina, il lievito, il latte, l'uovo e lo zucchero. Mescolare fino ad ottenere una pastella liscia.
b) Scaldare una padella o una padella a fuoco medio e aggiungere un po' di burro o olio.
c) Versare piccole porzioni di impasto nella padella per preparare i pancake.
d) Cuocere fino a quando non si formeranno delle bollicine in superficie, quindi girare e cuocere l'altro lato fino a doratura.
e) Servi i tuoi pancake alla banana delle Fiji con miele o sciroppo.

8. Toast francese in stile Fijiano

INGREDIENTI:
- 4 fette di pane
- 2 uova
- 1/2 tazza di latte di cocco
- 2 cucchiai di zucchero
- 1/4 cucchiaino di cannella
- Burro per friggere

ISTRUZIONI:
a) In una ciotola poco profonda, sbatti insieme le uova, il latte di cocco, lo zucchero e la cannella.
b) Scaldare una padella o una padella a fuoco medio e aggiungere un po 'di burro.
c) Immergere ogni fetta di pane nel composto di uova, ricoprendo entrambi i lati.
d) Mettete il pane ricoperto nella padella e fatelo cuocere fino a doratura su ogni lato.
e) Servi il tuo toast francese in stile Fijiano con miele o sciroppo.

9. Crêpes Di Farina Di Ceci

INGREDIENTI:

- 2 tazze (184 g) di farina di ceci (besan)
- 1 tazza e ½ (356 g) di acqua
- 1 cipolla piccola, sbucciata e tritata (circa ½ tazza [75 g])
- 1 pezzo di radice di zenzero, sbucciata e grattugiata o tritata
- 1-3 peperoncini verdi tailandesi, serrano o pepe di Cayenna, tritati
- ¼ di tazza (7 g) di foglie essiccate di fieno greco (kasoori methi)
- ½ tazza (8 g) di coriandolo fresco, tritato
- 1 cucchiaino di sale marino grosso
- ½ cucchiaino di coriandolo macinato
- ½ cucchiaino di curcuma in polvere
- 1 cucchiaino di polvere di peperoncino rosso o olio di Caienna, per friggere in padella

ISTRUZIONI:

a) In una ciotola profonda, mescolare la farina e l'acqua fino a ottenere un composto omogeneo. A me piace iniziare con una frusta e poi usare il dorso di un cucchiaio per scomporre i piccoli grumi di farina che normalmente si formano.
b) Lascia riposare il composto per almeno 20 minuti.
c) Aggiungete gli altri ingredienti, escluso l'olio, e mescolate bene.
d) Scaldare una piastra a fuoco medio-alto.
e) Aggiungete ½ cucchiaino di olio e distribuitelo sulla piastra con il dorso di un cucchiaio o con un tovagliolo di

carta. Puoi anche usare uno spray da cucina per rivestire uniformemente la padella.

f) Con un mestolo, versa $\frac{1}{4}$ di tazza (59 ml) di pastella al centro della padella. Con il dorso del mestolo, stendi l'impasto con un movimento circolare in senso orario dal centro verso l'esterno della padella per creare una frittella sottile e rotonda di circa 12,5 cm di diametro.

g) Cuocere la povera finché non sarà leggermente dorata su un lato, circa 2 minuti, quindi girarla per cuocerla sull'altro lato. Premere con la spatola per far sì che anche la parte centrale sia cotta.

h) Cuocere la pastella rimanente, aggiungendo olio quanto necessario per evitare che si attacchi.

i) Servire con un contorno del mio Chutney di menta o pesca.

10. Crêpes alla crema di grano

INGREDIENTI:
- 3 tazze (534 g) di crema di grano (sooji)
- 2 tazze (474 ml) di yogurt di soia bianco non zuccherato
- 3 tazze (711 ml) di acqua
- 1 cucchiaino di sale marino grosso
- $\frac{1}{2}$ cucchiaino di pepe nero macinato
- $\frac{1}{2}$ cucchiaino di polvere di peperoncino rosso o pepe di Cayenna
- $\frac{1}{2}$ cipolla gialla o rossa, sbucciata e tagliata a cubetti fini
- 1-2 peperoncini verdi tailandesi, serrano o pepe di Cayenna, tritati
- Olio, per friggere, mettere da parte in una piccola ciotola
- $\frac{1}{2}$ cipolla grande, sbucciata e tagliata a metà (per la preparazione della padella)

ISTRUZIONI:
a) In una ciotola profonda, mescola insieme la crema di grano, yogurt, acqua, sale, pepe nero e polvere di peperoncino rosso e mettila da parte per 30 minuti a fermentare leggermente.
b) Aggiungere la cipolla e i peperoncini tagliati a dadini. Mescolare delicatamente.
c) Scaldare una piastra a fuoco medio-alto. Metti 1 cucchiaino di olio nella padella.
d) Una volta che la padella sarà ben calda, infilate una forchetta nella parte arrotondata della cipolla, non tagliata. Tenendo il manico della forchetta, strofina la metà tagliata della cipolla avanti e indietro sulla padella. La

combinazione di calore, succo di cipolla e olio aiuta a evitare che la dosa si attacchi. Tieni la cipolla con la forchetta inserita a portata di mano per riutilizzarla tra una dose e l'altra. Quando sarà annerito dalla padella, affettate sottilmente la parte anteriore.

e) Tieni da parte una piccola ciotola di olio con un cucchiaio: lo userai più tardi.

f) Ora finalmente passiamo alla cucina! Versa poco più di $\frac{1}{4}$ di tazza (59 ml) di pastella al centro della padella calda e già preparata. Con il dorso del mestolo, fai lentamente dei movimenti in senso orario dal centro verso il bordo esterno della padella finché la pastella non diventa sottile e simile a una crêpe. Se la miscela inizia subito a bollire, abbassa leggermente la fiamma.

g) Con un cucchiaino, versare un filo sottile di olio formando un cerchio attorno alla pastella.

h) Lascia cuocere la dosa finché non diventa leggermente dorata e si stacca dalla padella. Girare e cuocere l'altro lato.

ANTIPASTI

11. Ceviche al cocco delle Fiji

INGREDIENTI:

- 1 libbra di gamberi o pesce cotti, sbucciati e privati dei peli
- 1 cetriolo, tagliato a dadini
- 1 pomodoro, tagliato a dadini
- 1 peperone (di qualsiasi colore), tagliato a dadini
- 1/4 tazza di cipolla rossa tritata finemente
- 1/4 tazza di coriandolo fresco tritato
- Succo di 2-3 lime
- 1/2 tazza di latte di cocco
- Sale e pepe a piacere
- Peperoncino tritato finemente (facoltativo, per aggiungere calore)
- Scaglie di cocco tostato (facoltativo, per guarnire)
- Cracker o tortilla chips, per servire

ISTRUZIONI:

a) In una grande ciotola, unisci i gamberi o il pesce cotti, il cetriolo tagliato a dadini, il pomodoro, il peperone, la cipolla rossa e il coriandolo tritato.

b) In una piccola ciotola separata, mescolare il succo di lime, il latte di cocco, sale e pepe. Regola il condimento secondo i tuoi gusti.

c) Versare il latte di cocco e il condimento al lime sul composto di gamberi o pesce nella ciotola grande.

d) 4. Mescolare il tutto finché gli ingredienti non saranno ben ricoperti dal condimento.

e) Se preferisci un po' di calore, puoi aggiungere al ceviche del peperoncino tritato finemente e amalgamarlo.

f) Coprire la ciotola con pellicola trasparente e riporre in frigorifero per almeno 30 minuti per consentire ai sapori di fondersi insieme.

g) Prima di servire, dare un'ultima mescolata al Fijian Coconut Ceviche e assaggiare per condire. Se necessario, aggiusta con più sale, pepe o succo di lime.

h) Se lo si desidera, cospargere le scaglie di cocco tostate sopra il ceviche per aggiungere consistenza e un tocco di sapore extra di cocco.

i) Servire il Ceviche al cocco delle Fiji freddo con cracker o tortilla chips per un antipasto rinfrescante e delizioso o un pasto leggero.

12. Gnocchi di taro e cocco delle Fiji

INGREDIENTI:
- 2 tazze di taro, sbucciato e grattugiato
- 1 tazza di cocco grattugiato
- 1/2 tazza di zucchero
- Un pizzico di sale

ISTRUZIONI:
a) Unisci il taro grattugiato e il cocco in una ciotola.
b) Aggiungete lo zucchero e un pizzico di sale, quindi mescolate bene.
c) Formate dei piccoli gnocchetti con l'impasto e cuoceteli a vapore per circa 20-30 minuti o finché non saranno diventati sodi.
d) Servi questi gnocchi dolci e ricchi di amido come colazione alle Fiji.

13. Patatine di manioca delle Fiji

INGREDIENTI:
- 2 grandi radici di manioca
- Olio vegetale per friggere
- Sale e pepe a piacere

ISTRUZIONI:
a) Sbucciare le radici di manioca e tagliarle a rondelle o strisce sottili.
b) Scaldare l'olio vegetale in una padella o pentola profonda.
c) Friggere le fette di manioca finché non diventano dorate e croccanti.
d) Togliere dall'olio e scolare su carta assorbente.
e) Condite con sale e pepe a piacere.
f) Servi le chips di manioca come croccante antipasto fijiano.

14. Samosa di pollo delle Fiji

INGREDIENTI:
- 1 tazza di pollo cotto, tritato
- 1/2 tazza di patate a cubetti, bollite
- 1/2 tazza di piselli
- 1/4 tazza di carote a dadini, bollite
- 1/4 tazza di cipolla tritata finemente
- 2 spicchi d'aglio, tritati
- 1 cucchiaino di curry in polvere
- Sale e pepe a piacere
- Involucri Samosa (disponibili nei negozi)
- Olio vegetale per friggere

ISTRUZIONI:
a) In una padella, rosolare la cipolla e l'aglio fino a quando diventano fragranti.
b) Aggiungere il pollo, le patate, i piselli, le carote e il curry in polvere. Cuocere per pochi minuti.
c) Condire con sale e pepe.
d) Riempire gli involucri di samosa con il composto, piegarli in forme triangolari e sigillare i bordi con un po' d'acqua.
e) Scaldare l'olio vegetale in una padella profonda e friggere i samosa finché non diventano dorati e croccanti.
f) Servi questi deliziosi samosa di pollo delle Fiji con chutney.

15. Bignè al curry di pesce delle Fiji

INGREDIENTI:

- 1 tazza di pesce cotto, in scaglie
- 1/2 tazza di patate a cubetti, bollite
- 1/4 tazza di piselli
- 1/4 tazza di carote a dadini, bollite
- 1/4 tazza di cipolla a dadini
- 1 spicchio d'aglio, tritato
- 1 cucchiaino di curry in polvere
- Sale e pepe a piacere
- Fogli di pasta sfoglia (disponibili nei negozi)

ISTRUZIONI:

a) In una padella fate rosolare la cipolla e l'aglio fino a quando diventano fragranti.

b) Aggiungere il pesce, le patate, i piselli, le carote e il curry in polvere. Cuocere per pochi minuti.

c) Condire con sale e pepe.

d) Riempite le sfoglie di pasta sfoglia con il composto, ripiegatele in forme triangolari e sigillate i bordi.

e) Cuocere seguendo le istruzioni sulla confezione della pasta sfoglia finché non saranno dorate e gonfie.

f) Servi questi gustosi bignè di pesce al curry delle Fiji come antipasti.

16. Gamberetti al cocco delle Fiji

INGREDIENTI:

- 1/2 libbra di gamberi grandi, sbucciati e privati dei bordi
- 1 tazza di cocco grattugiato
- 1/2 tazza di farina per tutti gli usi
- 1 uovo sbattuto
- Sale e pepe a piacere
- Olio vegetale per friggere

ISTRUZIONI:

a) In una ciotola mescolare il cocco grattugiato con un pizzico di sale e pepe.
b) Immergere ogni gambero nell'uovo sbattuto e poi ricoprirlo con il cocco grattugiato.
c) Scaldare l'olio vegetale in una padella e friggere i gamberi impanati finché non diventano dorati e croccanti.
d) Servi questi deliziosi gamberi al cocco delle Fiji con una salsa a tua scelta.

17. Noci tostate speziate delle Fiji

INGREDIENTI:
- 2 tazze di frutta secca mista (mandorle, anacardi, arachidi, ecc.)
- 1 cucchiaio di olio d'oliva
- 1 cucchiaino di curry in polvere
- 1/2 cucchiaino di cumino macinato
- 1/2 cucchiaino di paprica
- Sale a piacere

ISTRUZIONI:
a) Preriscalda il forno a 180°C (350°F).
b) In una ciotola, mescolare le noci miste con olio d'oliva, curry in polvere, cumino, paprika e un pizzico di sale.
c) Distribuire le noci speziate su una teglia e tostarle per 10-15 minuti, o fino a quando diventano fragranti e leggermente tostate.
d) Lasciarli raffreddare prima di servire come mix speziato di noci delle Fiji.

PORTATA PRINCIPALE

18. Riso fritto delle Fiji

INGREDIENTI:
- 2 tazze di riso cotto, raffreddato
- 2 uova, sbattute
- 1/2 tazza di prosciutto a dadini o pollo cotto
- 1/2 tazza di ananas a cubetti
- 1/2 tazza di verdure miste a dadini (peperoni, piselli, carote, ecc.)
- Salsa di soia a piacere
- Sale e pepe a piacere
- Olio da cucina

ISTRUZIONI:
a) Scaldare un po' d'olio in una padella capiente o nel wok a fuoco medio-alto.
b) Aggiungete le uova sbattute e strapazzatele. Togliere dalla padella e mettere da parte.
c) Nella stessa padella, se necessario, aggiungete un po' più di olio e fate rosolare il prosciutto o il pollo tagliato a dadini e le verdure miste finché non saranno morbide.
d) Aggiungere il riso cotto, le uova strapazzate, l'ananas a cubetti e un filo di salsa di soia. Saltare in padella fino a quando tutto sarà riscaldato e ben combinato.
e) Condite con sale e pepe a piacere.
f) Servi il riso fritto per la colazione delle Fiji caldo.

19. Chop Suey di pollo alle Fiji

INGREDIENTI:
- 1 libbra di petti o cosce di pollo disossati e senza pelle, tagliati a fettine sottili
- 2 cucchiai di olio vegetale
- 1 cipolla, affettata
- 2 spicchi d'aglio, tritati
- Pezzo di zenzero fresco da 1 pollice, grattugiato
- 1 tazza di cavolo a fette
- 1 tazza di carote a fette
- 1 tazza di peperoni a fette (rossi, verdi o gialli)
- 1 tazza di cimette di broccoli affettate
- 1/4 tazza di salsa di soia
- 2 cucchiai di salsa di ostriche
- 1 cucchiaio di amido di mais, sciolto in 2 cucchiai di acqua
- Riso bianco cotto, per servire

ISTRUZIONI:
a) In una padella capiente o in un wok, scaldare l'olio vegetale a fuoco medio-alto.

b) Aggiungete il pollo a fette e fatelo soffriggere fino a quando sarà completamente cotto e leggermente dorato. Togliere il pollo dalla padella e metterlo da parte.

c) Nella stessa padella, aggiungere un po' più di olio se necessario e far rosolare le cipolle affettate, l'aglio tritato e lo zenzero grattugiato finché non diventano fragranti e le cipolle diventano traslucide.

d) Aggiungi il cavolo a fette, le carote, i peperoni e i broccoli nella padella. Fate soffriggere le verdure per qualche minuto finché non saranno morbide e croccanti.

e) Riporta il pollo cotto nella padella e mescolalo con le verdure.

f) In una piccola ciotola, mescolare insieme la salsa di soia e la salsa di ostriche. Versare la salsa sul pollo e sulle verdure e mescolare il tutto finché non sarà ben ricoperto.

g) Mescolare la miscela di amido di mais per addensare leggermente la salsa.

h) Servire il Chop Suey di pollo delle Fiji su riso bianco cotto per un pasto gustoso e soddisfacente.

20. Mahi Mahi alla griglia delle Fiji

INGREDIENTI:
- 4 filetti di Mahi Mahi (o qualsiasi pesce bianco sodo)
- 1/4 tazza di latte di cocco
- 2 cucchiai di succo di lime
- 2 spicchi d'aglio, tritati
- 1 cucchiaino di zenzero fresco grattugiato
- 1 cucchiaino di cumino macinato
- 1 cucchiaino di coriandolo macinato
- 1/2 cucchiaino di curcuma in polvere
- Sale e pepe a piacere
- Coriandolo fresco tritato, per guarnire
- Spicchi di lime, per servire

ISTRUZIONI:
a) In un piatto poco profondo, unisci il latte di cocco, il succo di lime, l'aglio tritato, lo zenzero grattugiato, il cumino macinato, il coriandolo macinato, la curcuma in polvere, sale e pepe per creare la marinata.

b) Metti i filetti di Mahi Mahi nella marinata, assicurandoti di ricoprirli accuratamente. Coprire il piatto e conservare in frigorifero per almeno 30 minuti per consentire ai sapori di infondere il pesce.

c) Preriscalda la griglia a fuoco medio-alto.

d) Togliere i filetti di Mahi Mahi dalla marinata e grigliarli per circa 3-4 minuti su ciascun lato o finché non saranno cotti e avranno dei bei segni di grigliatura.

e) Mentre grigliate, potete spennellare un po' della marinata avanzata sul pesce per mantenerlo umido e aggiungere ulteriore sapore.

f) Una volta cotto il pesce, trasferitelo su un piatto da portata e guarnite con coriandolo fresco tritato.

g) Servire il Mahi Mahi grigliato delle Fiji con spicchi di lime sul lato da spremere sopra il pesce.

21. Pollo Alla Griglia Nel Forno Sotterraneo

INGREDIENTI:
- 1 pollo intero, pulito e tagliato a pezzi
- 1 libbra di costolette di agnello o pezzi di carne di agnello
- 1 libbra di costolette di maiale o pezzi di maiale
- Filetti di pesce da 1 libbra (qualsiasi pesce bianco sodo)
- 1 libbra di taro, sbucciato e tagliato a pezzi
- 1 libbra di patate dolci, sbucciate e tagliate a pezzi
- 1 libbra di manioca, sbucciata e tagliata a pezzi
- 1 libbra di platani, sbucciati e tagliati a pezzi
- Foglie di banano o fogli di alluminio, per avvolgere
- Sale e pepe a piacere
- Spicchi di limone o lime, per servire

ISTRUZIONI:
a) Preriscalda la griglia a fuoco medio-alto.
b) Condire il pollo, l'agnello e il maiale con sale e pepe a piacere.
c) In una grande ciotola, mescola insieme il taro, le patate dolci, la manioca e i platani.
d) Crea pacchetti individuali con le foglie di banana o il foglio di alluminio posizionando una porzione di ogni carne e verdura al centro e piegando le foglie o il foglio per racchiudere saldamente il contenuto.
e) Metti i pacchetti sulla griglia e cuocili per circa 1 ora - 1,5 ore o fino a quando tutta la carne e le verdure saranno tenere e completamente cotte.
f) Aprire con attenzione le confezioni e trasferire il contenuto grigliato su un piatto da portata.

g) Servire il pasto alla griglia delle Fiji nel forno sotterraneo con spicchi di limone o lime sul lato per aggiungere freschezza e sapore.

22. Polpo delle Fiji stufato in crema di cocco

INGREDIENTI:
- 2 kg di polpo, pulito e tagliato a pezzetti
- 2 cucchiai di olio vegetale
- 1 cipolla, tritata finemente
- 2 spicchi d'aglio, tritati
- Pezzo di zenzero fresco da 1 pollice, grattugiato
- 2 pomodori, tritati
- 1 tazza di crema al cocco
- 2 tazze di acqua o brodo di pesce
- 1 cucchiaio di salsa di pesce
- 1 cucchiaio di salsa di soia
- 1 cucchiaio di succo di limone o lime
- Sale e pepe a piacere
- Coriandolo fresco tritato, per guarnire
- Riso bianco cotto, per servire

ISTRUZIONI:
a) In una pentola capiente o in un forno olandese, scaldare l'olio vegetale a fuoco medio.
b) Aggiungere le cipolle tritate, l'aglio tritato e lo zenzero grattugiato. Rosolare fino a quando le cipolle saranno morbide e traslucide.
c) Aggiungete i pezzi di polpo nella pentola e fateli cuocere per qualche minuto finché non inizieranno ad arricciarsi e a diventare opachi.
d) Incorporare i pomodori a pezzetti, la crema di cocco, l'acqua o il brodo di pesce, la salsa di pesce, la salsa di soia e il succo di limone o lime. Mescolare tutto bene.
e) Copri la pentola e lascia sobbollire lo spezzatino di polpo a fuoco basso per circa 45 minuti - 1 ora o fino a quando diventa tenero e completamente cotto.

f) Condite con sale e pepe a piacere.
g) Guarnire con coriandolo fresco tritato prima di servire.
h) Servire il polpo delle Fiji stufato in crema di cocco con riso bianco cotto per un delizioso piatto di pesce.

23. Pesce al cocco delle Fiji con spinaci e riso

INGREDIENTI:
- 1 gambo di citronella, tritato finemente
- 1 peperoncino rosso, tritato finemente (facoltativo)
- $\frac{1}{2}$ cipolla rossa, affettata sottilmente
- 4 pomodori maturi, tagliati grossolanamente (o 1 lattina di pomodori schiacciati)
- 1 lattina di latte di cocco
- 2-3 cucchiai di succo di limone
- 2 cucchiai di salsa di pesce
- 1 cucchiaino di zucchero
- $\frac{1}{4}$ di tazza di foglie di basilico, tritate grossolanamente, più una quantità extra per guarnire
- 600 g di filetti di pesce bianco (ad es. terakihi, gallinella, dentice, ecc.)
- 300 g di spinaci novelli
- Riso al vapore, per servire

ISTRUZIONI:
a) In una padella larga a fuoco medio, aggiungi $\frac{1}{4}$ di tazza di latte di cocco, citronella e peperoncino (se utilizzato). Far rosolare finché il liquido non evapora e la citronella diventa tenera (circa 2-3 minuti).

b) Incorporare il restante latte di cocco, la cipolla affettata, i pomodori (freschi o in scatola), il succo di limone, la salsa di pesce, lo zucchero e le foglie di basilico tritate. Lasciare cuocere il composto per 5 minuti, permettendo ai sapori di fondersi.

c) Asciugare i filetti di pesce con carta assorbente e assicurarsi che non rimangano squame o lische. Condire il pesce con sale e pepe.

d) Immergere delicatamente i filetti di pesce nella salsa di cocco, assicurandosi che siano completamente immersi. Cuocere a fuoco lento per 4 minuti, quindi girare con attenzione i filetti e cuocere per un altro minuto o fino a quando il pesce sarà appena cotto.

e) In una padella separata, cuocere a vapore o rosolare leggermente gli spinaci fino a quando non appassiscono.

f) Per servire, versare una generosa quantità di riso su ogni piatto. Completare con il pesce e la saporita salsa di cocco.

g) A parte aggiungere una porzione di spinaci appassiti. Guarnire con ulteriori foglie di basilico per un tocco fresco.

CURRY E ZUPPE

24. Pollo delle Fiji, pomodoro e curry di patate

INGREDIENTI:
- 1 libbra di pezzi di pollo (con o senza osso), tagliati a pezzetti
- 2 cucchiai di olio vegetale
- 1 cipolla, tritata finemente
- 2 spicchi d'aglio, tritati
- Pezzo di zenzero fresco da 1 pollice, grattugiato
- 2 pomodori, tritati
- 2 patate, sbucciate e tagliate a cubetti
- 1 tazza di latte di cocco
- 1 cucchiaio di curry in polvere
- 1 cucchiaino di cumino macinato
- 1 cucchiaino di coriandolo macinato
- 1/2 cucchiaino di curcuma in polvere
- 1/4 cucchiaino di peperoncino in polvere (adattalo alle tue preferenze di spezie)
- Sale e pepe a piacere
- Coriandolo fresco tritato, per guarnire
- Riso bianco cotto, per servire

ISTRUZIONI:
a) In una pentola capiente o in una padella, scaldare l'olio vegetale a fuoco medio.

b) Aggiungere le cipolle tritate, l'aglio tritato e lo zenzero grattugiato. Rosolare fino a quando le cipolle saranno morbide e traslucide.

c) Aggiungete i pezzi di pollo nella pentola e fateli rosolare su tutti i lati.

d) Incorporare i pomodori a pezzetti, le patate a cubetti, il latte di cocco, il curry in polvere, il cumino macinato, il

coriandolo macinato, la curcuma in polvere e il peperoncino in polvere. Mescolare tutto bene.
e) Condite con sale e pepe a piacere.
f) Copri la pentola e lascia sobbollire il curry a fuoco basso per circa 30 minuti o fino a quando il pollo sarà completamente cotto e le patate saranno tenere.
g) Se necessario, aggiusta il condimento.
h) Guarnire con coriandolo fresco tritato prima di servire.
i) Servire il pollo, il pomodoro e il curry di patate delle Fiji con riso bianco cotto per un pasto confortante e saporito.

25. Curry di granchi delle Fiji

INGREDIENTI:
- 2 libbre di granchi, puliti e tagliati a pezzi
- 2 cucchiai di olio vegetale
- 1 cipolla, tritata finemente
- 2 spicchi d'aglio, tritati
- Pezzo di zenzero fresco da 1 pollice, grattugiato
- 2 pomodori, tritati
- 1 cucchiaio di curry in polvere
- 1 cucchiaino di cumino macinato
- 1 cucchiaino di coriandolo macinato
- 1/2 cucchiaino di curcuma in polvere
- 1/4 cucchiaino di peperoncino in polvere (adattalo alle tue preferenze di spezie)
- 1 tazza di latte di cocco
- Sale e pepe a piacere
- Coriandolo fresco tritato, per guarnire
- Riso bianco cotto, per servire

ISTRUZIONI:
a) In una pentola capiente o in una padella, scaldare l'olio vegetale a fuoco medio.
b) Aggiungere le cipolle tritate, l'aglio tritato e lo zenzero grattugiato. Rosolare fino a quando le cipolle saranno morbide e traslucide.
c) Aggiungete i granchi nella pentola e fateli rosolare per qualche minuto finché non inizieranno a diventare rosa.
d) Incorporare i pomodori tritati, il curry in polvere, il cumino macinato, il coriandolo macinato, la curcuma in polvere e il peperoncino in polvere. Mescolare tutto bene.
e) Versare il latte di cocco e portare a ebollizione il curry.

f) Copri la pentola e lascia cuocere i granchi nel curry al cocco per circa 15-20 minuti o finché non saranno completamente cotti e teneri.
g) Condite con sale e pepe a piacere.
h) Guarnire con coriandolo fresco tritato prima di servire.
i) Servire il curry di granchi delle Fiji con riso bianco cotto per un delizioso pasto a base di pesce.

26. Gamberetti al curry delle Fiji

INGREDIENTI:
- 1 libbra di gamberi grandi, sgusciati e privati dei bordi
- 2 cucchiai di olio vegetale
- 1 cipolla, tritata finemente
- 2 spicchi d'aglio, tritati
- Pezzo di zenzero fresco da 1 pollice, grattugiato
- 2 pomodori, tritati
- 1 cucchiaio di curry in polvere
- 1 cucchiaino di cumino macinato
- 1 cucchiaino di coriandolo macinato
- 1/2 cucchiaino di curcuma in polvere
- 1/4 cucchiaino di peperoncino in polvere (adattalo alle tue preferenze di spezie)
- 1 tazza di latte di cocco
- Sale e pepe a piacere
- Coriandolo fresco tritato, per guarnire
- Riso bianco cotto, per servire

ISTRUZIONI:
a) In una pentola capiente o in una padella, scaldare l'olio vegetale a fuoco medio.
b) Aggiungere le cipolle tritate, l'aglio tritato e lo zenzero grattugiato. Rosolare fino a quando le cipolle saranno morbide e traslucide.
c) Aggiungere i gamberi nella pentola e cuocere per qualche minuto finché non inizieranno a diventare rosa.
d) Incorporare i pomodori tritati, il curry in polvere, il cumino macinato, il coriandolo macinato, la curcuma in polvere e il peperoncino in polvere. Mescolare tutto bene.
e) Versare il latte di cocco e portare a ebollizione il composto.

f) Copri la pentola e lascia cuocere i gamberi nel curry al cocco per circa 5-7 minuti o finché non saranno completamente cotti e teneri.
g) Condite con sale e pepe a piacere.
h) Guarnire con coriandolo fresco tritato prima di servire.
i) Servire i gamberi al curry delle Fiji con riso bianco cotto per un delizioso piatto di pesce.

27. Curry al cocco e manioca

INGREDIENTI:
- 2 cucchiai (30 ml) di olio di cocco
- 1/2 cipolla, tritata
- 8 spicchi d'aglio
- Pezzo di zenzero fresco da 1 pollice
- 400 g di manioca (sbucciata, lavata e tagliata a cubetti da 1 pollice)
- 1 cucchiaino di curcuma in polvere
- 1 cucchiaino di sale o a piacere
- 1 cucchiaino di pepe appena macinato
- 3 tazze (720 ml) di acqua
- 2 tazze (480 ml) di latte di cocco
- 8 foglie di curry fresche e intere

ISTRUZIONI:
a) Scaldare una padella grande o una padella a fuoco medio e aggiungere 1 cucchiaio di olio di cocco. Aggiungere le cipolle tritate nella padella e farle rosolare fino a quando diventano traslucide, circa 3 minuti.

b) Pestate l'aglio e lo zenzero utilizzando un mortaio e un pestello e aggiungete questa pasta grossolana alle cipolle. Lascia cuocere per un minuto. Aggiungere i cubetti di manioca tritati, la curcuma, 1 cucchiaino di sale o a piacere e il pepe. Mescolare bene. Aggiungete l'acqua, coprite la padella con un coperchio e lasciate cuocere a fuoco lento. Dopo 15 minuti, scoprite la padella e controllate se i cubetti di manioca si sono ammorbiditi. Se i cubetti non sono morbidi, continua la cottura per altri 3-5 minuti.

c) Abbassate la fiamma, aggiungete il latte di cocco e mescolate bene. Lasciare addensare leggermente la salsa per 2 minuti. Assaggiare e regolare il condimento.

d) In una padella separata, scaldare il restante 1 cucchiaio di olio di cocco a fuoco medio-basso. Aggiungere le foglie di curry e lasciarle scaldare per 1 minuto. Togliere dal fuoco e

28. Curry d'anatra delle Fiji

INGREDIENTI:
- 2 libbre di carne di anatra, tagliata a pezzi
- 2 cucchiai di olio vegetale
- 1 cipolla, tritata finemente
- 2 spicchi d'aglio, tritati
- Pezzo di zenzero fresco da 1 pollice, grattugiato
- 2 pomodori, tritati
- 1 cucchiaio di curry in polvere
- 1 cucchiaino di cumino macinato
- 1 cucchiaino di coriandolo macinato
- 1/2 cucchiaino di curcuma in polvere
- 1/4 cucchiaino di peperoncino in polvere (adattalo alle tue preferenze di spezie)
- 1 tazza di latte di cocco
- Sale e pepe a piacere
- Coriandolo fresco tritato, per guarnire
- Riso bianco cotto, per servire

ISTRUZIONI:
a) In una pentola capiente o in una padella, scaldare l'olio vegetale a fuoco medio.
b) Aggiungere le cipolle tritate, l'aglio tritato e lo zenzero grattugiato. Rosolare fino a quando le cipolle saranno morbide e traslucide.
c) Aggiungere la carne d'anatra nella pentola e cuocere finché non sarà dorata su tutti i lati.
d) Incorporare i pomodori tritati, il curry in polvere, il cumino macinato, il coriandolo macinato, la curcuma in polvere e il peperoncino in polvere. Mescolare tutto bene.
e) Versare il latte di cocco e portare a ebollizione il curry.

f) Copri la pentola e lascia cuocere la carne d'anatra nel curry al cocco per circa 45-60 minuti o finché non sarà tenera e completamente cotta.
g) Condite con sale e pepe a piacere.
h) Guarnire con coriandolo fresco tritato prima di servire.
i) Servire il curry d'anatra delle Fiji con riso bianco cotto per un pasto saporito e abbondante.

29. Curry di pesce delle Fiji

INGREDIENTI:
- 3 cucchiai (44 ml) di olio vegetale
- 1 cipolla media, sbucciata e tagliata a dadini
- 1 bastoncino di cannella
- 3 spicchi d'aglio, sbucciati e tritati
- 2 peperoncini rossi lunghi, privati del gambo e dei semi, tritati
- 1 1/2 cucchiaini di garam masala
- 1 cucchiaino di cumino tostato macinato
- 1 cucchiaino di curcuma macinata
- 2 pomodori medi, tagliati a dadini fini
- Pesce bianco sodo da 1 1/2 libbre (680 grammi).
- Succo di 1 limone
- 1 tazza e 2/3 (400 ml) di latte di cocco
- Sale a piacere
- Coriandolo fresco tritato per guarnire
- Riso bianco al vapore per servire

ISTRUZIONI:
a) In una padella capiente, irrorare l'olio vegetale a fuoco medio.
b) Una volta riscaldato l'olio, aggiungere la cipolla tagliata a cubetti e la stecca di cannella. Cuocere fino a quando la cipolla inizia ad ammorbidirsi, quindi aggiungere l'aglio tritato e i peperoncini rossi tritati. Cuocere fino a quando non sarà appena fragrante.
c) Incorporare il garam masala, il cumino tostato macinato e la curcuma macinata. Lasciate che le spezie rilascino i loro sapori e il loro aroma.
d) Aggiungere i pomodori tagliati finemente nella padella e cuocere, mescolando di tanto in tanto, fino a quando i

pomodori iniziano a rompersi e formano una consistenza simile a una salsa, circa 15 minuti.

e) Adagiare i pezzi di pesce bianco sodo attorno al composto di pomodoro nella padella. Cospargere il succo di limone sulla parte superiore del pesce.

f) Cuocete il pesce per un paio di minuti da un lato e poi girate delicatamente i pezzi dall'altro lato.

g) Versare il latte di cocco e portare il composto a ebollizione dolce. Lasciare cuocere il pesce e assorbire i sapori del curry al cocco, per circa 5 minuti.

h) Condire il Suruwa di pesce con sale a piacere.

i) Guarnire con coriandolo fresco tritato prima di servire.

j) Servi immediatamente il delizioso Fijian Fish Suruwa con riso bianco al vapore.

k) Goditi questo curry di pesce veloce e saporito come un pasto delizioso!

30. Curry di capra delle Fiji

INGREDIENTI:
- 2 libbre di carne di capra, tagliata a pezzi
- 2 cucchiai di olio vegetale
- 1 cipolla, tritata finemente
- 2 spicchi d'aglio, tritati
- Pezzo di zenzero fresco da 1 pollice, grattugiato
- 2 pomodori, tritati
- 1 cucchiaio di curry in polvere
- 1 cucchiaino di cumino macinato
- 1 cucchiaino di coriandolo macinato
- 1/2 cucchiaino di curcuma in polvere
- 1/4 cucchiaino di peperoncino in polvere (adattalo alle tue preferenze di spezie)
- 1 tazza di latte di cocco
- Sale e pepe a piacere
- Coriandolo fresco tritato, per guarnire
- Riso bianco cotto, per servire

ISTRUZIONI:
a) In una pentola capiente o in una padella, scaldare l'olio vegetale a fuoco medio.

b) Aggiungere le cipolle tritate, l'aglio tritato e lo zenzero grattugiato. Rosolare fino a quando le cipolle saranno morbide e traslucide.

c) Aggiungere la carne di capra nella pentola e cuocere finché non sarà dorata su tutti i lati.

d) Incorporare i pomodori tritati, il curry in polvere, il cumino macinato, il coriandolo macinato, la curcuma in polvere e il peperoncino in polvere. Mescolare tutto bene.

e) Versare il latte di cocco e portare a ebollizione il curry.

f) Copri la pentola e lascia cuocere la carne di capra nel curry al cocco per circa 1,5 - 2 ore o fino a quando diventa tenera e si stacca facilmente dall'osso.
g) Potrebbe essere necessario aggiungere un po' d'acqua durante la cottura se il curry inizia a seccarsi troppo.
h) Condite con sale e pepe a piacere.
i) Guarnire con coriandolo fresco tritato prima di servire.
j) Servire il curry di capra delle Fiji con riso bianco cotto o roti per un pasto abbondante e saporito.

31. Zuppa di taro e spinaci delle Fiji

INGREDIENTI:
- 2 tazze di taro, sbucciate e tagliate a dadini
- 1 tazza di spinaci freschi, tritati
- 1/2 cipolla, tritata
- 2 spicchi d'aglio, tritati
- 4 tazze di brodo vegetale o di pollo
- 1/2 tazza di latte di cocco
- Sale e pepe a piacere

ISTRUZIONI:
a) In una pentola capiente, rosolare la cipolla e l'aglio finché non diventano fragranti.
b) Aggiungete il taro tagliato a dadini e fate rosolare per qualche minuto.
c) Versare il brodo e cuocere a fuoco lento fino a quando il taro sarà tenero.
d) Aggiungere gli spinaci tritati e il latte di cocco. Cuocere finché gli spinaci non appassiscono.
e) Condire con sale e pepe.
f) Servi questa zuppa di taro e spinaci delle Fiji come antipasto abbondante.

32. Stufato di agnello delle Fiji

INGREDIENTI:

- 2 libbre di carne di agnello in umido, tagliata a pezzi
- 2 cucchiai di olio vegetale
- 1 cipolla, tritata finemente
- 2 spicchi d'aglio, tritati
- Pezzo di zenzero fresco da 1 pollice, grattugiato
- 2 pomodori, tritati
- 1 cucchiaio di curry in polvere
- 1 cucchiaino di cumino macinato
- 1 cucchiaino di coriandolo macinato
- 1/2 cucchiaino di curcuma in polvere
- 1/4 cucchiaino di peperoncino in polvere (adattalo alle tue preferenze di spezie)
- 1 tazza di latte di cocco
- 2 tazze di acqua o brodo vegetale
- Sale e pepe a piacere
- Coriandolo fresco tritato, per guarnire
- Riso bianco cotto o roti, per servire

ISTRUZIONI:

a) In una pentola capiente o in un forno olandese, scaldare l'olio vegetale a fuoco medio.

b) Aggiungere le cipolle tritate, l'aglio tritato e lo zenzero grattugiato. Rosolare fino a quando le cipolle saranno morbide e traslucide.

c) Aggiungere nella pentola la carne di agnello in umido e cuocere finché non sarà dorata su tutti i lati.

d) Incorporare i pomodori tritati, il curry in polvere, il cumino macinato, il coriandolo macinato, la curcuma in polvere e il peperoncino in polvere. Mescolare tutto bene.

e) Versare il latte di cocco e l'acqua o il brodo vegetale. Portare a ebollizione lo stufato.
f) Copri la pentola e lascia cuocere lo spezzatino di agnello a fuoco basso per circa 1,5 - 2 ore o fino a quando la carne sarà tenera e saporita.
g) Condite con sale e pepe a piacere.
h) Guarnire con coriandolo fresco tritato prima di servire.
i) Servire lo stufato di agnello delle Fiji con riso bianco cotto o roti per un pasto abbondante e delizioso.

33. Curry di cavolo riccio e zucca delle Fiji

INGREDIENTI:
- 1 tazza di cavolo riccio, tritato
- 2 tazze di latte di cocco
- 2 tazze di zucca butternut, tagliata a cubetti
- 1 cucchiaio di aglio in polvere
- 1 tazza di ceci, ammollati per una notte
- 1 cucchiaino di peperoncino in polvere
- 1 cucchiaio di cumino in polvere
- 2 tazze di brodo vegetale
- 3 spicchi d'aglio, tritati
- 1 cipolla media, tritata
- 3 cucchiai di olio d'oliva
- 1 cucchiaino di pepe

ISTRUZIONI:
a) Nella pentola istantanea, unisci tutti gli ingredienti e mescola bene.
b) Chiudete la pentola con un coperchio e lasciate cuocere a fuoco basso per 6 ore.
c) Mescolare bene prima di servire.

34. Curry di lenticchie e spinaci delle Fiji

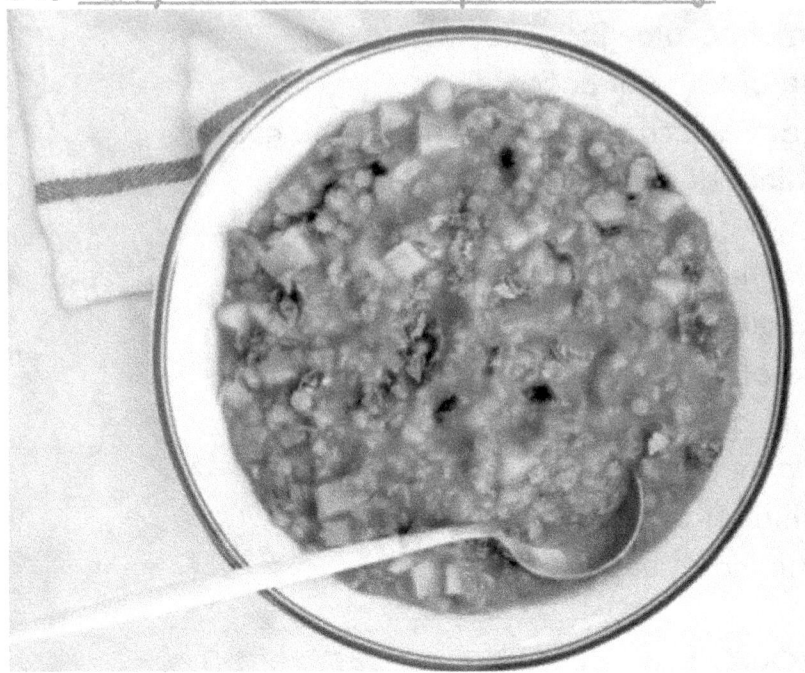

INGREDIENTI:
- 4 tazze di spinaci baby, tritati
- 1 cipolla media, tritata
- 2 cucchiai di olio d'oliva
- 3 tazze di brodo vegetale
- 3 spicchi d'aglio, tritati
- 1/4 cucchiaino di pepe di cayenna
- 1 1/2 tazza di lenticchie rosse, essiccate
- 1 cucchiaino di coriandolo macinato
- 1 cucchiaino di cumino macinato
- 1/4 tazza di coriandolo, tritato
- 1 patata media, tagliata a cubetti
- 1 cucchiaino di curcuma macinata
- 1/2 cucchiaino di sale

ISTRUZIONI:
a) Versare l'olio nella casseruola e accenderlo in modalità soffritto.
b) Soffriggere la cipolla per 5 minuti.
c) Aggiungere l'aglio e cuocere per altri 30 secondi.
d) Aggiungi il pepe di Caienna, la curcuma, il coriandolo e il cumino.
e) Mescola tutto accuratamente.
f) In una grande ciotola, unisci le patate, il brodo vegetale, le lenticchie e il sale. Mescola tutto accuratamente.
g) Cuocere a fuoco alto con il coperchio sulla pentola.
h) Utilizzare il metodo di rilascio rapido per alleviare la pressione prima di aprire il coperchio.
i) Aggiungi il coriandolo e gli spinaci.

35. Curry di lenticchie e chipotle delle Fiji

INGREDIENTI:
- 1 tazza di lenticchie marroni; sciacquato e raccolto
- 1/2 cipolla media; tritato.
- 1/2 peperone verde medio; tritato.
- 1/2 cucchiai di olio di canola
- 1 chipotle in salsa adobo
- 1/4 tazza di pomodori secchi; tritato.
- 1/2 cucchiaino di cumino macinato
- 1 spicchio d'aglio; tritato.
- 1 cucchiaio e mezzo di peperoncino in polvere
- 1 lattina (1/4 oncia di pomodori a cubetti
- 2 tazze di brodo vegetale
- Sale; assaggiare

ISTRUZIONI:
a) Inserisci la cipolla e il peperone nella Instant Pot e cuoci per 2 minuti con la funzione Sauté.
b) Far rosolare per 1 minuto dopo aver aggiunto l'aglio e il peperoncino in polvere.
c) Chiudi il coperchio e aggiungi gli ingredienti rimanenti.
d) Cuocere per 12 minuti ad alta pressione utilizzando la funzione Funzione Manuale.
e) Servire con un contorno di coriandolo tritato e formaggio Cheddar grattugiato.

36. Curry alla senape e fagioli delle Fiji

INGREDIENTI:
- ½ tazza di ketchup
- ½ cucchiaio di olio d'oliva
- 2 cucchiai di melassa
- 2 cucchiaini di senape in polvere
- ¼ cucchiaino di pepe nero macinato
- 1 ½ fetta di pancetta, tritata
- ½ cipolla media, tritata
- ½ peperone verde piccolo, tritato
- 1 lattina e ½ di fagioli marini, sciacquati e scolati
- 1 cucchiaino di aceto di mele
- 2 cucchiai di coriandolo tritato

ISTRUZIONI:
a) Nella tua pentola istantanea, seleziona la modalità Sauté e aggiungi l'olio, la cipolla, la pancetta e il peperone per 6 minuti.

b) Chiudete il coperchio e aggiungete gli altri ingredienti.

c) Cuocere per 8 minuti ad alta pressione utilizzando la funzione Manuale.

d) Dopo il segnale acustico effettuare uno Sgancio Naturale per 10 minuti, poi uno Sgancio Rapido per espellere il vapore residuo.

e) Cospargere con coriandolo tritato.

37. Curry di fagioli bianchi e riso delle Fiji

INGREDIENTI:
- 1 libbra di fagioli bianchi, ammollati e sciacquati
- ½ cucchiaino di peperoncino rosso
- ½ cucchiaino di curcuma macinata
- 1 cucchiaio di cipolla in polvere
- 2 cucchiaini di aglio in polvere
- 1-2 cucchiaini di sale
- 1 foglia di alloro
- 6 tazze di brodo vegetale non salato
- Riso bianco bollito per servire

ISTRUZIONI:
a) Nella pentola istantanea, unisci tutti gli ingredienti indicati tranne il riso bianco.
b) Fissare il coperchio coprendolo. Assicurarsi che la maniglia di rilascio della pressione sia in posizione sigillata.
c) Dopo il segnale acustico, effettuare un rilascio naturale di 20 minuti.
d) Mescolare bene e servire subito con riso bianco caldo.

38. Quinoa rossa delle Fiji con patate

INGREDIENTI:
- 2 cucchiai di Olio
- 1 cucchiaino di semi di cumino
- 1 tazza di quinoa rossa , sciacquata e scolata
- 10 foglie di curry, tritate
- 1 cucchiaino di peperoncini verdi piccanti tritati
- 1 piccola patata rossa, tagliata a cubetti da ½ pollice
- 1 tazza e ½ di acqua
- 1 cucchiaino e mezzo di sale kosher
- ½ tazza di arachidi non salate
- Succo di 1 limone
- ¼ tazza di coriandolo fresco tritato
- Sottaceto al limone per servire
- Yogurt bianco per servire

ISTRUZIONI:
a) Preriscaldare l'olio nella pentola istantanea utilizzando l'impostazione Sauté alta.

b) Cuocere i semi di cumino nell'olio caldo sul fondo della pentola finché non sfrigolano, circa 1 o 2 minuti.

c) Aggiungere la quinoa, le foglie di curry e i peperoncini e cuocere per 2 o 3 minuti o fino a quando la quinoa sarà tostata.

d) Unisci la patata, l'acqua e il sale in una ciotola.

e) Raschiare i lati della pentola per garantire che tutta la quinoa sia immersa.

f) Selezionare Cottura a pressione o Manuale e cuocere per 2 minuti ad alta pressione.

g) In una piccola padella, tostare leggermente le arachidi per 2 o 3 minuti, mescolandole regolarmente e mettere da parte a raffreddare.

h) Lasciare che la pressione si dissipi spontaneamente; l'operazione dovrebbe richiedere circa 10 minuti.
i) Versare il succo di limone nella pentola e aggiungere le arachidi.
j) Versare il khichdi in ciotole, guarnire con coriandolo, una cucchiaiata di yogurt bianco e un sottaceto al limone e servire.

1.

39. Lenticchie rosse al curry delle Fiji

INGREDIENTI:
- 2 cucchiai di burro chiarificato
- ½ cucchiaino di semi di cumino
- 1 cipolla gialla piccola, tagliata a dadini sottili
- 1 pomodoro datterino, senza torsolo e tagliato a cubetti
- 1 cucchiaio di aglio tritato
- 1 cucchiaino e mezzo di zenzero fresco grattugiato
- 1 tazza di lenticchie dal, sciacquate
- 1 cucchiaino di coriandolo macinato
- ½ cucchiaino di polvere di peperoncino rosso
- ⅛ cucchiaino di curcuma macinata
- 2 cucchiaini di sale kosher
- 3-4 tazze d'acqua
- 1 cucchiaio di jaggery grattugiato
- ½ tazza di coriandolo fresco tritato

ISTRUZIONI:
a) Preriscaldare il burro chiarificato nella pentola istantanea utilizzando l'impostazione Sauté alta.

b) Cuoci i semi di cumino nel burro chiarificato riscaldato sui bordi inferiori della pentola per circa 1 minuto o finché non iniziano a scoppiettare.

c) Aggiungere la cipolla, il pomodoro, l'aglio e lo zenzero e cuocere per 2 minuti o fino a quando i pomodori si saranno ammorbiditi.

d) In una grande ciotola, unisci le lenticchie, il coriandolo, il peperoncino in polvere, la curcuma e il sale; aggiungere 3 tazze d'acqua e frullare per amalgamare.

e) Selezionare Cottura a pressione o Manuale e cuocere per 10 minuti ad alta pressione.

f) Attendere 10 minuti affinché la pressione si rilassi naturalmente.
g) Inserisci il jaggery e la rimanente 1 tazza di acqua nella pentola.
h) Assaggiate e aggiustate di sale se necessario. Seleziona l'opzione Sauté e cuoci per 5 minuti o finché le lenticchie non raggiungono un leggero bollore.
i) Mestolo nelle ciotole e guarnire con il coriandolo prima di servire.

40. Curry di piselli dall'occhio nero delle Fiji

INGREDIENTI:
- 1 cucchiaio di olio vegetale neutro
- 1 cipolla gialla piccola, tagliata a dadini sottili
- 1 cucchiaio di aglio tritato
- 1 cucchiaino e mezzo di zenzero fresco grattugiato
- 1 tazza di piselli dall'occhio secchi, sciacquati
- 1 pomodoro datterino, senza torsolo e tagliato a cubetti
- 1 cucchiaino e mezzo di sale kosher
- 1 cucchiaino di peperoncino rosso in polvere
- 1 cucchiaino di coriandolo macinato
- $\frac{1}{2}$ cucchiaino di cumino macinato
- $\frac{1}{4}$ cucchiaino di curcuma macinata
- 3 tazze d'acqua
- Riso cotto

ISTRUZIONI:
a) Preriscaldare l'olio nella pentola istantanea utilizzando l'impostazione Sauté alta.
b) Aggiungi la cipolla, l'aglio e lo zenzero e cuoci per 2 minuti o fino a quando la cipolla inizia a diventare traslucida.
c) Aggiungi i piselli dall'occhio, il pomodoro, il sale, il peperoncino in polvere, il coriandolo, il cumino e la curcuma, seguiti dall'acqua.
d) Preriscaldare il forno a temperatura alta e far rosolare il curry fino a quando non raggiunge un bollore moderato, quindi servire.

41. Curry di ceci delle Fiji

INGREDIENTI:
- 1 tazza di ceci secchi, sciacquati
- 3 tazze e mezzo di acqua
- 2 cucchiai di burro chiarificato
- 1 cucchiaino di semi di cumino
- 1 cipolla gialla, tagliata finemente a dadini
- 1 cucchiaino di zenzero fresco grattugiato
- 1 cucchiaino di aglio tritato
- 1 cucchiaio di coriandolo macinato
- 2 cucchiaini di sale kosher
- Da 1 a 2 cucchiaini di peperoncino rosso in polvere
- $\frac{1}{4}$ cucchiaino di curcuma macinata
- 2 pomodorini, tagliati a dadini fini
- $\frac{1}{4}$ cucchiaino di garam masala
- $\frac{1}{2}$ tazza di coriandolo fresco tritato

ISTRUZIONI:
a) Preriscaldare il burro chiarificato nella pentola istantanea utilizzando l'impostazione Sauté alta.

b) Cuocere i semi di cumino nell'olio caldo sul bordo inferiore della pentola per circa 1 minuto o finché non iniziano a scoppiettare.

c) Aggiungere la cipolla e cuocere a fuoco lento, mescolando periodicamente, per circa 5 minuti o fino a quando diventa trasparente.

d) Aggiungere lo zenzero e l'aglio e cuocere per 1 minuto o fino a quando diventano fragranti.

e) Aggiungi il coriandolo, il sale, il peperoncino in polvere, la curcuma e i ceci, insieme alle 112 tazze d'acqua, e mescola accuratamente con un cucchiaio di legno, raschiando eventuali pezzi dorati dal fondo della casseruola.

f) Selezionare Cottura a pressione o Manuale e impostare il timer per 35 minuti ad alta pressione.

g) Attendere dai 10 ai 20 minuti affinché la pressione si rilasci naturalmente.

h) Inserire nella pentola i pomodori e il Garam Masala.

i) Seleziona l'impostazione del soffritto alto e cuoci per 5 minuti o fino a quando i pomodori si saranno ammorbiditi.

j) Mestolo nelle ciotole e guarnire con il coriandolo prima di servire.

42. Lenticchie miste al cocco delle Fiji

INGREDIENTI:

- ¼ di tazza di coriandolo fresco tritato grossolanamente
- ¼ di tazza d'acqua
- 3 cucchiai di cocco grattugiato
- 1 cucchiaio di aglio tritato
- 1 cucchiaino di peperoncini verdi piccanti tagliati a dadini
- 1 cucchiaino di zenzero fresco grattugiato
- 2 cucchiai di burro chiarificato
- ½ cucchiaino di semi di senape nera
- ¼ cucchiaino di curcuma macinata
- ⅛ cucchiaino di assafetida
- 1 tazza di lenticchie spezzate assortite, sciacquate
- 2 cucchiaini di coriandolo macinato
- ½ cucchiaino di cumino macinato
- Sale kosher
- 3-4 tazze d'acqua
- ½ tazza di coriandolo fresco tritato

ISTRUZIONI:

a) Per preparare la pasta di spezie, metti il coriandolo, l'acqua, il cocco, l'aglio, i peperoncini e lo zenzero in un piccolo robot da cucina e frulla fino a formare una pasta densa.

b) Riscalda il burro chiarificato nella pentola istantanea utilizzando l'opzione Sauté alto.

c) Immergi i semi di senape nell'olio caldo vicino ai bordi inferiori della pentola e friggi finché non esplodono.

d) Unisci la curcuma, l'assafetida e la pasta di spezie e aggiungi.

e) In una grande ciotola, aggiungi le lenticchie, il coriandolo, il cumino e 112 cucchiai di sale; versare 2 tazze d'acqua e frullare per amalgamare.

f) Selezionare Cottura a pressione o Manuale e cuocere per 10 minuti ad alta pressione.

g) Seleziona l'opzione Sauté alto e cuoci per 4-5 minuti o finché il dal non raggiunge un bollore moderato.

h) Metti il cibo in tavola.

1.

43. Zuppa di pomodoro e barbabietola delle Fiji al curry

INGREDIENTI:
- 4 pomodorini, senza torsolo e tagliati in quarti
- 2 carote, sbucciate e affettate
- 1 barbabietola, sbucciata e tagliata a cubetti
- ½ cucchiaino di cumino macinato
- Bastoncino di cannella da 2 pollici
- 2 cucchiaini di curry in polvere r
- Sale kosher
- 3 tazze d'acqua
- 2 cucchiai di polvere di radice di freccia
- ½ cucchiaino di pepe nero macinato fresco
- 2 tazze di crostini

ISTRUZIONI:
a) Nella pentola istantanea, unisci i pomodori, le carote, la barbabietola, il cumino, la stecca di cannella, il curry in polvere, il sale e l'acqua.
b) Cuocere ad alta pressione per 10 minuti.
c) Togliere la stecca di cannella dalla pentola e metterla da parte.
d) Frullare la zuppa con un frullatore ad immersione fino a renderla completamente liscia.
e) Versare lentamente la sospensione in polvere di radice di freccia mescolando continuamente.
f) Aggiungere il pepe e mescolare per amalgamare, quindi assaggiare e aggiustare di sale se necessario.
g) Preriscaldare il forno a temperatura alta e far rosolare la zuppa fino a quando non raggiunge un leggero bollore.
h) Completate con i crostini e servite subito.

44. di zucca e cocco delle Fiji

INGREDIENTI:
- 1 chilo e mezzo di zucca sbucciata e tagliata a cubetti
- ½ tazza di cipolla gialla a dadini
- 4 spicchi d'aglio, sbucciati
- 1 lattina di latte di cocco a ridotto contenuto di grassi
- 1 tazza di brodo vegetale a basso contenuto di sodio
- 1 cucchiaio di olio d'oliva
- 1 cucchiaino e mezzo di sale kosher
- 1 cucchiaino di garam masala
- 1 pizzico di pepe di cayenna

ISTRUZIONI:
a) Nella pentola istantanea, unisci la zucca, la cipolla, l'aglio, il latte di cocco, il brodo vegetale, l'olio d'oliva e il sale e mescola per unire.

b) Selezionare Cottura a pressione o Manuale e impostare il timer per 8 minuti ad alta pressione.

c) Spostare il rilascio della pressione su Venting per eseguire un rilascio rapido. Aprite la pentola e frullate la zuppa con un frullatore ad immersione fino ad ottenere un composto omogeneo.

d) Aggiungere il garam masala e il pepe di cayenna e mescolare per unire.

e) Versare la zuppa in ciotole, guarnire con un pizzico di Garam Masala e pepe di Cayenna e servire immediatamente.

45. Zuppa di cavolfiore alla curcuma delle Fiji

INGREDIENTI:
- 1 cucchiaio di olio d'oliva
- 1 cipolla gialla, affettata
- 1 cucchiaino di semi di finocchio
- 3 tazze di cimette di cavolfiore
- 2 pomodorini, senza torsolo e tagliati a cubetti
- 1 patata color ruggine, a cubetti
- 6 spicchi d'aglio, sbucciati
- 1 cucchiaino di zenzero fresco grattugiato
- 3 tazze d'acqua, più altra se necessario
- 20 anacardi crudi
- $\frac{1}{4}$ cucchiaino di curcuma macinata
- 1 cucchiaino di coriandolo macinato
- 1 cucchiaino di cumino macinato
- 1 cucchiaino di sale kosher
- $\frac{1}{2}$ cucchiaino di garam masala
- $\frac{1}{4}$ tazza di coriandolo fresco tritato
- $\frac{1}{4}$ di cucchiaino di pepe di cayenna

ISTRUZIONI:
a) Preriscaldare l'olio d'oliva nella pentola istantanea utilizzando l'opzione Sauté.

b) Aggiungere la cipolla e i semi di finocchio e cuocere per 1 minuto o finché non diventano fragranti.

c) In una grande ciotola, unisci il cavolfiore, i pomodori, le patate, l'aglio e lo zenzero.

d) In una grande ciotola, aggiungi l'acqua, gli anacardi, la curcuma, il coriandolo, il cumino e il sale.

e) a) Selezionare Cottura a pressione o Manuale e cuocere per 10 minuti a bassa pressione.

f) Frullare la zuppa fino a renderla liscia e cremosa, quindi aggiungere il garam masala.

g) Seleziona l'opzione Sauté e cuoci per 5 minuti o finché la zuppa non raggiunge un leggero bollore.

h) Versare la zuppa nelle ciotole, guarnire con coriandolo, un pizzico di garam masala e pepe di cayenna e servire immediatamente.

46. Stufato di agnello piccante delle Fiji

INGREDIENTI:
- di olio vegetale neutro
- Bastoncino di cannella da 2 pollici
- 2 foglie di alloro indiano
- 20 grani di pepe nero
- 4 baccelli di cardamomo verde
- 1½ libbra di spalla di agnello disossata
- 2 cipolle gialle, ciascuna tagliata in 8 pezzi
- 2 carote
- 2 patate gialle grandi
- 3 peperoncini rossi secchi
- 1 cucchiaio di sale kosher
- 1 cucchiaino di peperoncino rosso in polvere
- ½ tazza d'acqua
- ¼ tazza di coriandolo fresco tritato

ISTRUZIONI:
a) Preriscaldare l'olio nella pentola istantanea utilizzando l'impostazione Sauté alta.

b) Soffriggere la stecca di cannella, le foglie di alloro, il pepe in grani e il cardamomo per 1 minuto o finché non diventano aromatici.

c) Aggiungere i pezzi di agnello e rosolarli per 2 o 3 minuti, girando ogni pezzo più volte, finché non saranno leggermente dorati.

d) Aggiungi cipolle, carote, patate, peperoncini, sale e peperoncino in polvere, seguiti dall'acqua.

e) a)Scegliere Carne/Stufato come modalità di cottura e impostare il timer per 35 minuti ad alta pressione.

f) Attendere 10 minuti affinché la pressione si rilassi naturalmente.

g) Selezionare l'impostazione Sauté alta e cuocere a fuoco lento per circa 5 minuti o fino a quando lo stufato inizia ad addensarsi.

h) Per disattivare Instant Pot, premere Annulla. Man mano che lo spezzatino si raffredda, si addenserà ancora di più.

i) Versare lo stufato nei piatti, guarnire con il coriandolo e servire immediatamente.

47. Zuppa di lenticchie rosse delle Fiji

INGREDIENTI:
- 1 cipolla gialla, tagliata finemente a dadini
- 1 carota, sbucciata e affettata
- 1 tazza di pomodori a cubetti in scatola con succo
- 1 tazza di lenticchie dal , sciacquate
- 2 cucchiai di aglio tritato
- 1 cucchiaino di peperoncino rosso in polvere
- 1 cucchiaino di coriandolo macinato
- $\frac{1}{2}$ cucchiaino di cumino macinato
- $\frac{1}{2}$ cucchiaino di garam masala
- $\frac{1}{4}$ cucchiaino di curcuma macinata
- 3 tazze di brodo vegetale a basso contenuto di sodio
- 1 tazza d'acqua
- Sale kosher
- 2 manciate abbondanti di spinaci novelli
- $\frac{1}{4}$ tazza di coriandolo fresco tritato
- Da 4 a 6 spicchi di limone

ISTRUZIONI:
a) Nella pentola istantanea, unisci la cipolla, la carota, i pomodori e il loro succo, le lenticchie , l'aglio, il peperoncino in polvere, il coriandolo, il cumino, il garam masala e la curcuma .

b) Unire il brodo vegetale e mescolare bene.

c) Selezionare Cottura a pressione o Manuale e impostare il timer per 8 minuti ad alta pressione.

d) Lasciare che la pressione si rilasci naturalmente per 10 minuti.

e) Togliere il coperchio dalla pentola. Usando il dorso di un cucchiaio, schiacciare le lenticchie sulla modalità Sauté alta.

f) Mescolare l'acqua, assaggiare e aggiustare di sale se necessario.

g) Aggiungere gli spinaci e cuocere a fuoco lento, mescolando di tanto in tanto, finché la zuppa non raggiunge un leggero bollore.

h) Versare nelle ciotole, guarnire con il coriandolo e servire immediatamente con una spruzzata di limone.

48. Curry di pollo al burro delle Fiji

INGREDIENTI:

- 2 cucchiai di burro chiarificato
- 1 cipolla gialla grande, tagliata finemente a dadini
- 2 libbre disossate cosce di pollo
- 1 tazza di passata di pomodoro in scatola
- ½ tazza d'acqua
- 1 cucchiaio di zenzero fresco grattugiato
- 1 cucchiaio di aglio tritato
- 2 cucchiaini di peperoncino rosso in polvere
- 2 cucchiaini di sale kosher
- 1 cucchiaino di garam masala
- ½ cucchiaino di curcuma macinata
- ½ tazza di crema di cocco in scatola
- 2 cucchiai di concentrato di pomodoro
- 2 cucchiai di foglie di fieno greco essiccate
- 2 cucchiaini di zucchero
- ½ tazza di coriandolo fresco tritato
- 2 tazze di riso basmati cotto

ISTRUZIONI:

a) Preriscaldare il burro chiarificato nella pentola istantanea utilizzando l'impostazione Sauté alta.
b) Aggiungere la cipolla e cuocere a fuoco lento per 4-5 minuti o fino a quando diventa trasparente.
c) In una grande ciotola, aggiungi il pollo, la passata di pomodoro, l'acqua, lo zenzero, l'aglio, il peperoncino in polvere, il sale, il garam masala e la curcuma.
d) In una grande ciotola, aggiungi la crema di cocco, il concentrato di pomodoro, il fieno greco e lo zucchero.

e) Usando l'impostazione Sauté alta, cuocere per circa 2 minuti o finché il curry non bolle e si sarà completamente riscaldato.
f) Versare il riso nei piatti e ricoprire con il curry.
g) Guarnire con coriandolo prima di servire.

49. Peperoncino di pollo tritato delle Fiji

INGREDIENTI:
- di olio vegetale neutro
- 1 cucchiaino di semi di cumino
- 1 cipolla gialla grande, tagliata finemente a dadini
- Pollo macinato da 1 libbra
- 1 cucchiaio di zenzero fresco grattugiato
- 1 cucchiaio di aglio tritato
- 2 cucchiaini di peperoncino rosso in polvere
- 1 cucchiaino e mezzo di sale kosher
- $\frac{1}{2}$ cucchiaino di curcuma macinata
- 2 pomodorini, privati del torsolo e tagliati a dadini fini
- 1 patata gialla
- $\frac{1}{4}$ di tazza d'acqua
- 2 cucchiai di coriandolo macinato
- 1 cucchiaino di garam masala
- $\frac{1}{2}$ tazza di coriandolo fresco tritato

ISTRUZIONI:
a) Preriscaldare l'olio nella pentola istantanea utilizzando l'opzione Sauté.

b) Aggiungere i semi di cumino e scaldare per 1 minuto o fino a quando iniziano a scoppiettare.

c) Aggiungere la cipolla e cuocere per 4-5 minuti o fino a quando diventa tenera e trasparente.

d) Cuocere, spezzettando il pollo con lo zenzero, l'aglio, il peperoncino in polvere, il sale e la curcuma.

e) Aggiungi i pomodori, le patate e l'acqua con un cucchiaio di legno, raschiando eventuali pezzetti dorati dal fondo della pentola.

f) Aggiungere al composto il coriandolo e il garam masala.

g) Selezionare Cottura a pressione o Manuale e cuocere per 4 minuti ad alta pressione.
h) Lasciare che la pressione si rilasci naturalmente per 10 minuti.
i) Aggiungere il coriandolo e servire.

50. Curry di pollo e spinaci delle Fiji

INGREDIENTI:
- di olio vegetale neutro
- ½ cucchiaino di semi di cumino
- 4 chiodi di garofano
- 10 grani di pepe nero
- 1 cipolla gialla, tagliata finemente a dadini
- Da 1 a 2 cucchiaini di peperoncino verde piccante tritato
- 2 cucchiaini di zenzero fresco grattugiato
- 2 cucchiaini di aglio tritato
- 1 chilo e mezzo di petti o cosce di pollo
- ½ tazza di passata di pomodoro in scatola
- 2 cucchiai di acqua
- 1 cucchiaino e mezzo di sale kosher
- ¼ cucchiaino di curcuma macinata
- ½ cucchiaino di garam masala
- 2 tazze di riso cotto

ISTRUZIONI:
a) Preriscaldare l'olio sull'impostazione Sauté alta.
b) Cuocere per 30 secondi o finché i semi di cumino, i chiodi di garofano e i grani di pepe non saranno tostati.
c) Aggiungere la cipolla e il peperoncino e cuocere fino a quando la cipolla diventa trasparente, circa 5 minuti.
d) Aggiungere lo zenzero e l'aglio, mescolare per incorporare e cuocere per 1 minuto o finché non diventano fragranti.
e) In una grande ciotola, unisci il pollo, la passata di pomodoro, l'acqua, il sale, la curcuma e il Garam Masala, mescolando bene con un cucchiaio di legno per rimuovere eventuali pezzi dorati dal fondo della pentola.

f) Scegli l'opzione Sauté alto. Unire gli spinaci e mescolare bene.
g) Versare il riso nei piatti e ricoprire con il curry.
h) Servire immediatamente.
1.

51. Gamberetti al cocco al curry delle Fiji

INGREDIENTI:
- 1 lattina di latte di cocco
- 1 cucchiaio di olio di cocco
- 1 cipolla gialla, affettata sottilmente
- 6 chiodi di garofano
- 4 baccelli di cardamomo verde
- Bastoncino di cannella da 2 pollici
- 4 piccoli peperoncini verdi piccanti, tagliati a metà
- 15 foglie di curry
- 2 cucchiaini di zenzero fresco grattugiato
- 2 cucchiaini di aglio tritato
- 2 pomodorini, a fette
- $\frac{1}{2}$ cucchiaino di curcuma macinata
- 1 chilo e mezzo di gamberetti jumbo con coda
- 1 cucchiaino di sale kosher
- $\frac{1}{4}$ tazza di coriandolo fresco tritato
- Riso al vapore per servire

ISTRUZIONI:
a) Preriscaldare l'olio di cocco nella pentola istantanea sull'impostazione Sauté alta.
b) Soffriggere la cipolla, i chiodi di garofano, il cardamomo e la stecca di cannella finché la cipolla non si ammorbidisce e diventa traslucida, circa 5 minuti.
c) Aggiungere i peperoncini, le foglie di curry, lo zenzero e l'aglio e cuocere per 1 minuto o finché non diventano fragranti.
d) In una grande ciotola, aggiungi i pomodori, la curcuma e i gamberetti. Mescolare ancora una volta l'acqua di cocco e il sale.

e) Selezionare Cottura a pressione o Manuale e cuocere per 2 minuti a bassa pressione.

f) Togliere il coperchio dalla pentola, incorporare la crema di cocco e guarnire con il coriandolo.

g) Servire i gamberi con riso al vapore in una ciotola da portata.

52. Agnello delle Fiji vindaloo Fusion

INGREDIENTI:
- ¼ di tazza di aceto di vino bianco
- 4 cucchiai di miscela di spezie Lamb Vindaloo
- 2 cucchiai di aglio tritato
- 1 cucchiaio di zenzero fresco grattugiato
- 3 cucchiaini di sale kosher
- 2 libbre di spalla di agnello disossata
- ¼ di tazza di burro chiarificato
- 1 cucchiaino di semi di senape nera
- 1 cipolla gialla grande, tagliata finemente a dadini
- ½ tazza d'acqua
- 1 patata gialla grande, sbucciata
- 2 cucchiai di peperoncino rosso in polvere
- 1 cucchiaio di zucchero di canna
- 1 cucchiaio di pasta concentrata di tamarindo
- ⅛ cucchiaino di curcuma macinata
- pepe di Caienna
- ½ tazza di coriandolo fresco tritato
- Riso al vapore per servire
- 8 Paratha per servire

ISTRUZIONI:
a) In una terrina, sbatti insieme l'aceto, la miscela di spezie, l'aglio, lo zenzero e 2 cucchiai di sale.
b) Aggiungere l'agnello e girare per ricoprirlo uniformemente.
c) Riscalda il burro chiarificato nella pentola istantanea utilizzando l'opzione Sauté alto.
d) Aggiungi i semi di senape al burro chiarificato caldo sul fondo della pentola e cuoci per 2 o 3 minuti o finché non iniziano a scoppiare.

e) Aggiungere la cipolla e il restante 1 cucchiaino di sale e cuocere per 5 minuti o finché la cipolla non sarà trasparente. Incorporate l'agnello marinato fino a quando tutto sarà ben amalgamato.

f) Aggiungere l'acqua e mescolare bene con un cucchiaio di legno.

g) Sopra l'agnello disporre i cubetti di patate; non combinare.

h) Selezionare Cottura a pressione o Manuale e cuocere per 20 minuti ad alta pressione.

i) Attendere 15 minuti affinché la pressione si rilassi naturalmente.

j) In una grande ciotola, unisci la polvere di peperoncino, lo zucchero di canna, la pasta di tamarindo, la curcuma e il pepe di cayenna.

k) Selezionare l'impostazione Sauté alta e cuocere per 1 minuto per unire i condimenti.

l) Mestolo il curry sui piatti e guarnisci con il coriandolo.

53. Curry di manzo al cocco delle Fiji

INGREDIENTI:
- 1 ½ libbra. manzo, tagliare a pezzi
- ½ tazza di basilico, affettato
- 2 cucchiai di zucchero di canna
- 2 cucchiai di salsa di pesce
- ¼ tazza di brodo di pollo
- ¾ tazza di latte di cocco
- 2 cucchiai di pasta di curry
- 1 cipolla, affettata
- 1 peperone, affettato
- 1 patata dolce

ISTRUZIONI:
a) Nella pentola istantanea, unisci tutti gli ingredienti tranne il basilico e mescola bene.
b) Cuocere a fuoco alto per 15 minuti dopo aver chiuso la pentola con un coperchio.
c) Lasciare che la pressione si rilasci naturalmente prima di aprire il coperchio.
d) Aggiungere il basilico e mescolare accuratamente.
e) Servire.

CONTORNI E INSALATE

54. Roti (focaccia delle Fiji)

INGREDIENTI:
- 2 tazze di farina per tutti gli usi
- 1/2 cucchiaino di sale
- Acqua

ISTRUZIONI:
a) In una ciotola, unire la farina e il sale.
b) Aggiungere poco a poco l'acqua e impastare fino ad ottenere un impasto morbido e non appiccicoso.
c) Dividere l'impasto in porzioni grandi quanto una pallina da golf e arrotolarle in cerchi sottili.
d) Scaldare una piastra o una padella a fuoco medio-alto.
e) Cuocere i roti sulla piastra calda per circa 1-2 minuti su ciascun lato, o finché non si gonfiano e sviluppano macchie marroni.
f) Servire con chutney o curry a scelta.

55. Cocco e manioca al vapore delle Fiji

INGREDIENTI:
- 1 libbra di manioca, sbucciata e tagliata a pezzi
- 1 tazza di latte di cocco
- 1/4 tazza d'acqua
- 1 cucchiaio di zucchero (facoltativo, aggiustate a piacere)
- Pizzico di sale

ISTRUZIONI:
a) In una pentola capiente o in una vaporiera, aggiungi i pezzi di manioca e cuocili a vapore a fuoco medio per circa 15-20 minuti o fino a quando diventano teneri e cotti.
b) In una casseruola separata, mescolare il latte di cocco, l'acqua, lo zucchero (se utilizzato) e un pizzico di sale.
c) Riscaldare la miscela di latte di cocco a fuoco basso finché non sarà riscaldata ma non bollente.
d) Togliere la manioca cotta al vapore dalla pentola o dalla vaporiera e trasferirla su un piatto da portata.
e) Versare la miscela calda di latte di cocco sulla manioca cotta al vapore.
f) Servire il cocco e la manioca al vapore delle Fiji come contorno delizioso e confortante.

56. Foglie di taro bollite delle Fiji e crema di cocco

INGREDIENTI:

- 1 mazzetto di foglie di taro fresche, lavate e tritate
- 1 lattina (400ml) di crema al cocco
- 1 cipolla, tritata finemente
- 2 spicchi d'aglio, tritati
- 1-2 peperoncini rossi, senza semi e tritati (facoltativo)
- Sale e pepe a piacere

ISTRUZIONI:

a) In una pentola capiente portare a ebollizione l'acqua e aggiungere le foglie di taro tritate.
b) Lessare le foglie per circa 15-20 minuti o finché saranno tenere.
c) Scolare l'acqua e mettere da parte le foglie bollite.
d) Nella stessa pentola, scaldare un filo d'olio a fuoco medio e far rosolare la cipolla, l'aglio e il peperoncino tritati finché le cipolle non saranno traslucide e aromatiche.
e) Aggiungere le foglie di taro bollite nella pentola e mescolare bene con gli ingredienti saltati.
f) Versare la crema al cocco e mescolare per amalgamare.
g) Condire con sale e pepe a piacere e lasciare cuocere il composto a fuoco basso per 5-10 minuti.
h) Servire caldo come contorno tradizionale delle Fiji con riso o altri piatti principali.

57. Uva marina delle Fiji

INGREDIENTI:
- Uva marina fresca
- Spicchi di lime o limone, per servire

ISTRUZIONI:
a) Sciacquare l'uva marina fresca sotto l'acqua corrente fredda per rimuovere eventuali residui di sabbia o detriti.
b) Asciugare l'uva di mare con un canovaccio pulito o un tovagliolo di carta.
c) Servi l'uva di mare delle Fiji come spuntino o contorno rinfrescante e nutriente, insieme a spicchi di lime o limone per aggiungere sapore.

58. Melanzane arrostite alle Fiji con erbe aromatiche

INGREDIENTI:
- 2 melanzane grandi
- 2 cucchiai di olio vegetale
- 2 spicchi d'aglio, tritati
- 1 cucchiaio di foglie di timo fresco tritate
- 1 cucchiaio di foglie di rosmarino fresco tritate
- Sale e pepe a piacere
- Spicchi di limone, per servire

ISTRUZIONI:
a) Preriscalda il forno a 200°C (400°F).
b) Tagliate le melanzane a metà nel senso della lunghezza e incidete la polpa con un coltello secondo uno schema incrociato.
c) Disporre le metà delle melanzane su una teglia da forno, con la carne rivolta verso l'alto.
d) In una piccola ciotola, mescolare l'olio vegetale, l'aglio tritato, il timo fresco tritato e il rosmarino fresco tritato.
e) Spennellate la miscela di olio ed erbe sulla polpa delle metà di melanzane.
f) Condire le melanzane con sale e pepe a piacere.
g) Arrostire le melanzane nel forno preriscaldato per circa 25-30 minuti o finché la polpa diventa tenera e dorata.
h) Togliere le melanzane arrostite dal forno e lasciarle raffreddare leggermente.
i) Servire le melanzane arrostite alle erbe delle Fiji con spicchi di limone sul lato da spremere sopra le melanzane.

59. Insalata di pesce crudo delle Fiji (Kokoda)

INGREDIENTI:
- 1 libbra di filetti di pesce bianco sodi, tagliati a dadini (come dentice o mahi-mahi)
- 1 tazza di crema al cocco
- 1/4 tazza di succo di lime appena spremuto
- 1 cetriolo, sbucciato e tagliato a cubetti
- 1 pomodoro, tagliato a dadini
- 1 cipolla piccola, tritata finemente
- 1 peperoncino rosso piccolo, tritato finemente (facoltativo, per aggiungere calore)
- Sale e pepe a piacere
- Coriandolo fresco tritato, per guarnire
- Riso bianco cotto o patatine di taro, per servire

ISTRUZIONI:
a) In una terrina, unire il pesce a dadini, la crema di cocco e il succo di lime appena spremuto. Assicuratevi che il pesce sia completamente ricoperto dal composto.

b) Coprite la ciotola con pellicola trasparente e mettetela in frigorifero per circa 2 ore, o fino a quando il pesce sarà "cotto" nel succo degli agrumi. L'acido contenuto nel succo di lime "cuocerà" delicatamente il pesce, conferendogli una consistenza simile al ceviche.

c) Dopo che il pesce è marinato, scolare il liquido in eccesso dalla ciotola.

d) Aggiungere il cetriolo a dadini, il pomodoro, la cipolla tritata finemente e il peperoncino rosso (se utilizzato) al pesce marinato. Mescolare il tutto delicatamente.

e) Condire l'insalata di pesce crudo delle Fiji (Kokoda) con sale e pepe a piacere.

f) Guarnire con coriandolo fresco tritato prima di servire.

g) Servi l'insalata di pesce crudo delle Fiji con riso bianco cotto o patatine di taro per un piatto di pesce delizioso e rinfrescante.

60. Roti al cocco delle Fiji

INGREDIENTI:
- 2 tazze di farina per tutti gli usi
- 1 tazza di cocco essiccato (non zuccherato)
- 2 cucchiai di zucchero
- 1/2 cucchiaino di sale
- 2 cucchiai di burro, fuso
- 1 tazza di acqua tiepida (circa)

Istruzioni:
a) In una terrina, unire la farina per tutti gli usi, il cocco essiccato, lo zucchero e il sale.
b) Aggiungete gradualmente il burro fuso agli ingredienti secchi e mescolate bene. Il composto dovrebbe assomigliare a briciole grossolane.
c) Aggiungete lentamente l'acqua tiepida, un po' alla volta, e lavorate l'impasto finché non si unirà. Potrebbe essere necessario un po' più o meno di una tazza d'acqua, quindi aggiungila gradualmente. L'impasto dovrà risultare morbido e malleabile.
d) Dividete l'impasto in porzioni di uguali dimensioni e formate delle palline.
e) Scaldare una piastra o una padella antiaderente a fuoco medio.
f) Prendi una delle palline di pasta e posizionala su una superficie pulita e infarinata. Stendetelo fino a formare un roti sottile e rotondo utilizzando un mattarello. Puoi renderli sottili o spessi quanto preferisci.
g) Trasferisci con attenzione il roti arrotolato sulla piastra o padella calda. Cuocerlo per circa 1-2 minuti su ciascun lato o fino a quando non si gonfierà leggermente e

avrà delle macchie marrone dorato. Se preferisci, puoi spennellare un po' di burro su ciascun lato.

h) Ripetere il processo di laminazione e cottura per le restanti palline di pasta.

i) Servi il Fijian Coconut Roti caldo, da solo o con il tuo curry, chutney o salsa preferito.

61. Insalata di papaya verde delle Fiji

INGREDIENTI:

- 1 papaia verde, sbucciata e tritata
- 1 carota, sbucciata e tritata
- 1/4 tazza di cocco grattugiato
- 1/4 tazza di arachidi, tostate e tritate
- 2-3 spicchi d'aglio, tritati
- 1-2 peperoncini rossi, tritati finemente (adattatevi alle vostre preferenze di spezie)
- Succo di 2 lime
- Sale e zucchero a piacere

ISTRUZIONI:

a) In una grande ciotola, unisci la papaya sminuzzata, la carota, il cocco e le arachidi.

b) In una ciotola separata, mescolare l'aglio tritato, il peperoncino tritato, il succo di lime, il sale e lo zucchero.

c) Versare il condimento sull'insalata e mescolare bene.

d) Lasciare marinare l'insalata per circa 15-20 minuti prima di servire.

62. Insalata di ananas e cetrioli delle Fiji

INGREDIENTI:
- 1 tazza di pezzi di ananas fresco
- 1 cetriolo, affettato
- 1/4 cipolla rossa, affettata sottilmente
- Foglie di coriandolo fresco
- Succo di 1 lime
- Sale e pepe a piacere

ISTRUZIONI:
a) In un'insalatiera, unisci pezzi di ananas fresco, fette di cetriolo e cipolla rossa affettata sottilmente.
b) Spremi il succo di lime sull'insalata e condisci con sale e pepe.
c) Mescolare insieme gli ingredienti e guarnire con foglie di coriandolo fresco.

63. Taro alla crema delle Fiji (taro in crema di cocco)

INGREDIENTI:
- 2 tazze di taro, sbucciate e tagliate a dadini
- 1 tazza di crema al cocco
- 1/4 tazza d'acqua
- 2-3 spicchi d'aglio, tritati
- Sale e pepe a piacere

ISTRUZIONI:
a) In una casseruola unire il taro tagliato a dadini, la crema di cocco, l'acqua e l'aglio tritato.
b) Condire con sale e pepe.
c) Cuocere a fuoco basso, mescolando di tanto in tanto, fino a quando il taro sarà tenero e la crema di cocco si sarà addensata.
d) Servi questo piatto cremoso di taro delle Fiji come contorno, spesso abbinato a pesce o carne alla griglia.

CONDIMENTI

64. Chutney piccante di tamarindo delle Fiji

INGREDIENTI:
- 1 tazza di polpa di tamarindo
- 1/2 tazza di zucchero di canna
- 1/4 tazza d'acqua
- 2-3 spicchi d'aglio, tritati
- 1-2 peperoncini rossi, tritati finemente (adattatevi alle vostre preferenze di spezie)
- Sale a piacere

ISTRUZIONI:
a) In una casseruola, unire la polpa di tamarindo, lo zucchero di canna, l'acqua, l'aglio tritato e il peperoncino tritato.
b) Cuocere a fuoco basso, mescolando continuamente, finché il composto non si addensa e lo zucchero si scioglie.
c) Condire con sale a piacere.
d) Lasciare raffreddare il chutney, quindi servirlo come antipasto piccante delle Fiji. Si abbina bene con stuzzichini fritti o alla griglia.

65. Pasta di zenzero e aglio

INGREDIENTI:
- 1 pezzo di radice di zenzero (4 pollici [10 cm]), sbucciata e tritata
- 12 spicchi d'aglio, sbucciati e tagliati
- 1 cucchiaio di acqua

ISTRUZIONI:
a) Lavorate tutti gli ingredienti nel robot da cucina fino ad ottenere una consistenza pastosa.

66. Salsa di peperoncino piccante delle Fiji (Buka, Buka)

INGREDIENTI:
- 10-12 peperoncini rossi (regolare il numero in base al calore desiderato)
- 2 spicchi d'aglio, tritati
- 1/4 di tazza di aceto
- Sale a piacere

ISTRUZIONI:
a) Eliminate il gambo dei peperoncini e tritateli grossolanamente.
b) In un frullatore o in un robot da cucina, unisci i peperoncini, l'aglio tritato, l'aceto e un pizzico di sale.
c) Frullare fino ad ottenere una salsa liscia.
d) Conserva la salsa di peperoncino in una bottiglia o in un barattolo e usala per aggiungere un po' di calore infuocato ai tuoi piatti delle Fiji.

67. Salsa al tamarindo delle Fiji

INGREDIENTI:
- 1/2 tazza di polpa di tamarindo
- 1/4 tazza d'acqua
- 2 cucchiai di zucchero
- 1/2 cucchiaino di cumino in polvere
- 1/2 cucchiaino di peperoncino rosso in polvere (adattalo alle tue preferenze di spezie)
- Sale a piacere

ISTRUZIONI:
a) In un pentolino unire la polpa di tamarindo e l'acqua. Scaldalo a fuoco basso e mescola finché il tamarindo non si ammorbidisce.

b) Togliere dal fuoco e filtrare il composto di tamarindo in una ciotola per rimuovere eventuali semi e fibre.

c) Aggiungi lo zucchero, il cumino in polvere, il peperoncino rosso in polvere e il sale al concentrato di tamarindo. Mescolare bene.

d) Lasciare raffreddare la salsa al tamarindo prima di servire. È un condimento piccante e piccante perfetto da abbinare a spuntini o primi piatti.

68. Sambal al cocco delle Fiji

INGREDIENTI:
- 1 tazza di cocco appena grattugiato
- 1/2 tazza di cipolla rossa a dadini
- 1-2 peperoncini rossi, tritati finemente (adattatevi alle vostre preferenze di spezie)
- 2 spicchi d'aglio, tritati
- Succo di 1 lime
- Sale a piacere

ISTRUZIONI:
a) In una ciotola, unire il cocco fresco grattugiato, la cipolla rossa tagliata a dadini, il peperoncino rosso tritato e l'aglio tritato.
b) Spremete il succo di lime sul composto e aggiustate di sale.
c) Mescolare il tutto e lasciare riposare per qualche minuto per permettere ai sapori di fondersi.
d) Servi il sambal al cocco come condimento rinfrescante con vari piatti delle Fiji.

69. Salsa di foglie di taro delle Fiji (Rourou Vakasoso)

INGREDIENTI:
- 1 mazzetto di foglie di taro, lavate e tritate
- 1/2 cipolla, tritata finemente
- 2 spicchi d'aglio, tritati
- 1/2 tazza di crema di cocco
- Sale e pepe a piacere

ISTRUZIONI:
a) In una casseruola, far rosolare la cipolla tritata finemente e l'aglio tritato fino a quando diventano fragranti.

b) Aggiungere le foglie di taro tritate e farle rosolare per qualche minuto finché non appassiscono.

c) Incorporare la crema di cocco, sale e pepe. Cuocere a fuoco lento finché la salsa non si sarà addensata e le foglie di taro saranno tenere.

d) Servi la salsa di foglie di taro come condimento tradizionale delle Fiji insieme a riso o ortaggi a radice.

70. Mango sottaceto delle Fiji (Toroi)

INGREDIENTI:
- 2 manghi verdi (acerbi), sbucciati e tagliati a cubetti
- 1/2 cipolla rossa, tritata finemente
- 1-2 peperoncini rossi, tritati finemente (adattatevi alle vostre preferenze di spezie)
- Succo di 1 lime
- Sale a piacere

ISTRUZIONI:
a) In una ciotola, unire i manghi verdi tagliati a dadini, la cipolla rossa tritata finemente e i peperoncini rossi.
b) Spremete il succo di lime sul composto e aggiustate di sale.
c) Mescolare il tutto e lasciare marinare per almeno 30 minuti.
d) Servi il mango in salamoia, noto come Toroi, come condimento piccante e piccante.

71. Chutney di mango e peperoncino delle Fiji

INGREDIENTI:

- 2 manghi maturi, sbucciati, snocciolati e tagliati a cubetti
- 1/2 tazza di zucchero
- 1/4 di tazza di aceto
- 2-3 peperoncini rossi, tritati finemente (adattatevi alle vostre preferenze di spezie)
- 1/2 cucchiaino di zenzero, grattugiato
- 1/2 cucchiaino di chiodi di garofano macinati
- Sale a piacere

ISTRUZIONI:

a) In una casseruola, unisci manghi, zucchero, aceto, peperoncini rossi, zenzero, chiodi di garofano macinati e un pizzico di sale.

b) Cuocere a fuoco basso, mescolando di tanto in tanto, finché il composto non si addensa e i manghi si ammorbidiscono.

c) Lasciare raffreddare il chutney e poi conservarlo in un barattolo. Questo chutney piccante di mango è perfetto per aggiungere un tocco dolce e speziato ai tuoi pasti.

72. Chutney di coriandolo e lime delle Fiji

INGREDIENTI:
- 1 tazza di foglie di coriandolo fresco, gambi rimossi
- Succo di 2 lime
- 2 spicchi d'aglio, tritati
- 1-2 peperoncini verdi, tritati finemente
- 1/2 cucchiaino di cumino in polvere
- Sale a piacere

ISTRUZIONI:
a) In un robot da cucina, unisci il coriandolo, il succo di lime, l'aglio tritato, i peperoncini verdi tritati, il cumino in polvere e il sale.

b) Frullare fino ad ottenere un chutney liscio dal sapore brillante e piccante.

c) Servi questo chutney di coriandolo e lime come condimento piccante per piatti alla griglia o fritti.

73. Salsa di ananas delle Fiji

INGREDIENTI:
- 1 tazza di ananas fresco a dadini
- 1/2 cipolla rossa, tritata finemente
- 1 peperone rosso, tritato finemente
- 1-2 peperoncini rossi, tritati finemente (adattatevi alle vostre preferenze di spezie)
- Succo di 1 lime
- Foglie di menta fresca, tritate
- Sale e pepe a piacere

ISTRUZIONI:
a) In una ciotola, unire l'ananas tagliato a cubetti, la cipolla rossa tritata finemente, il peperone rosso, il peperoncino rosso e le foglie di menta fresca tritate.

b) Spremi il succo di lime sul composto e condisci con sale e pepe.

c) Mescolare il tutto e lasciare riposare qualche minuto per far amalgamare i sapori.

d) Servi questa salsa rinfrescante all'ananas come condimento per carni alla griglia o frutti di mare.

DOLCE

74. Torta alle banane delle Fiji

INGREDIENTI:
- 2 banane mature schiacciate
- 1 tazza e 1/2 di farina autolievitante o semplice
- 1 tazza di zucchero
- 3 uova
- 4 cucchiai di burro, fuso
- 1 cucchiaino di bicarbonato di sodio
- 1/2 tazza di latte
- 1 cucchiaino di lievito in polvere (usatelo solo se usate farina semplice)
- 1 cucchiaino di estratto di vaniglia
- 1 cucchiaino di noce moscata in polvere
- 1 cucchiaino di cannella in polvere
- 1 tortiera rotonda unta

ISTRUZIONI:
a) Preriscaldare il forno a 350 gradi F (175 gradi C).
b) In una grande ciotola, aggiungi le banane mature schiacciate, le uova, lo zucchero e il burro fuso. Mescolare delicatamente fino a ottenere un composto soffice.
c) Aggiungere il lievito (se si utilizza farina semplice), l'estratto di vaniglia, la noce moscata in polvere e la cannella in polvere. Mescolare tutto insieme.
d) Aggiungete poco alla volta la farina e mescolate bene per fare in modo che non ci siano grumi nel composto.
e) Una volta che il composto sarà ben amalgamato, mettetelo da parte e ungete la tortiera con un po' di burro fuso.
f) Versare il composto della torta nello stampo unto.

g) Cuocere per 35-45 minuti o fino a quando uno stuzzicadenti inserito al centro della torta risulta pulito e la torta diventa dorata.

h) Togliere la torta dal forno e lasciarla raffreddare su una gratella.

i) Una volta raffreddata, affettate la Fijian Banana Cake e servitela come delizioso dessert. Godere!

75. Torta di manioca delle Fiji

INGREDIENTI:

- 2 libbre di manioca, sbucciata e grattugiata
- 1 lattina (400 ml) di latte di cocco
- 1 tazza di zucchero semolato
- 1/2 tazza di latte condensato
- 1/2 tazza di latte evaporato
- 1/4 tazza di burro, fuso
- 1 cucchiaino di estratto di vaniglia
- Cocco grattugiato (facoltativo, per guarnire)

ISTRUZIONI:

a) Preriscalda il forno a 175°C (350°F). Ungere una teglia o una padella.

b) In una grande ciotola, unisci la manioca grattugiata, il latte di cocco, lo zucchero semolato, il latte condensato, il latte evaporato, il burro fuso e l'estratto di vaniglia. Mescolare bene fino a quando tutto sarà omogeneo.

c) Versare il composto di manioca nella teglia unta e distribuirlo uniformemente.

d) Se lo si desidera, cospargere il cocco grattugiato sopra il composto.

e) Cuocere nel forno preriscaldato per circa 45-50 minuti o fino a quando la parte superiore sarà dorata e il centro sarà rassodato.

f) Lasciare raffreddare la torta di manioca prima di affettarla e servirla.

76. Raita delle Fiji

INGREDIENTI:
- 1 tazza di yogurt bianco
- 1 cetriolo, sbucciato, senza semi e grattugiato
- 1 cucchiaio di foglie di menta fresca tritate
- 1 cucchiaio di coriandolo fresco tritato
- 1/2 cucchiaino di cumino macinato
- 1/2 cucchiaino di coriandolo macinato
- Sale e pepe a piacere

ISTRUZIONI:
a) In una terrina, unire lo yogurt bianco, il cetriolo grattugiato, le foglie di menta fresca tritate, il coriandolo fresco tritato, il cumino macinato, il coriandolo macinato, sale e pepe.

b) Mescolare il tutto fino ad ottenere un composto ben amalgamato.

c) Copri la ciotola e metti la raita in frigorifero per almeno 30 minuti per consentire ai sapori di fondersi insieme.

d) Prima di servire, dare un'ultima mescolata alla Fijian Raita e assaggiare il condimento. Se necessario aggiustate con altro sale o pepe.

e) Servire la Raita delle Fiji come contorno rinfrescante o accompagnamento a curry o carni alla griglia.

77. Platani delle Fiji cotti nel cocco

INGREDIENTI:
- 4 platani maturi, sbucciati e affettati
- 1 tazza di latte di cocco
- 2 cucchiai di zucchero semolato (facoltativo, aggiustate a piacere)
- Pizzico di sale
- 1 cucchiaio di olio vegetale
- Cocco grattugiato (facoltativo, per guarnire)

ISTRUZIONI:
a) In una padella capiente, scaldare l'olio vegetale a fuoco medio.
b) Aggiungere i platani affettati nella padella e cuocerli per qualche minuto su ciascun lato finché non saranno leggermente dorati e caramellati.
c) Versare il latte di cocco e aggiungere lo zucchero semolato (se utilizzato) e un pizzico di sale.
d) Lascia cuocere a fuoco lento i platani nel latte di cocco per circa 5-10 minuti o finché non diventano morbidi e teneri.
e) Opzionale: guarnire con cocco grattugiato per aggiungere consistenza e sapore di cocco.
f) Servi i platani delle Fiji cotti nel cocco come delizioso contorno o dessert.

78. Torta di ananas delle Fiji

INGREDIENTI:
- 1 crosta di torta (pre-fatta o fatta in casa)
- 1 tazza di ananas fresco, tritato
- 1/2 tazza di zucchero
- 2 cucchiai di farina per tutti gli usi
- 2 uova, sbattute
- 1/4 tazza di burro, fuso
- 1/2 cucchiaino di estratto di vaniglia

ISTRUZIONI:
a) Preriscalda il forno a 180°C (350°F).
b) Disporre la pasta frolla in una tortiera.
c) In una ciotola, unisci l'ananas tritato, lo zucchero, la farina, le uova sbattute, il burro fuso e l'estratto di vaniglia.
d) Mescolare bene e versare il composto nella pasta frolla.
e) Cuocere per circa 30-40 minuti, o fino a quando la torta sarà pronta e la parte superiore sarà dorata.
f) Lasciarlo raffreddare prima di servire questa deliziosa torta di ananas delle Fiji.

79. Torta alla crema pasticcera in stile Fiji con condimenti

INGREDIENTI:
- 125 g di burro ammorbidito
- 1 tazza e ½ di farina autolievitante
- 2 uova
- ½ cucchiaino di vaniglia
- 1 tazza di zucchero
- Polvere di crema pasticcera
- 2 tazze di latte
- Colorante alimentare giallo (facoltativo)

CONDIMENTI (FACOLTATIVI)
- Latte condensato/Panna montata
- Arachidi schiacciate
- Frutta A Fette

ISTRUZIONI:
a) Sbattere ½ tazza di zucchero e burro, aggiungere le uova e la vaniglia e unire

b) Quindi aggiungere la farina e impastare delicatamente fino a ottenere un impasto

c) Ungere una piccola teglia, una teglia di alluminio o degli stampini con il burro e stendere l'impasto sulla teglia. Stendere l'impasto sui lati e distribuirlo uniformemente

d) Praticare dei piccoli fori con una forchetta sulla pasta frolla e infornare fino a doratura e cottura completa a 180-200 gradi in forno (dovrebbero volerci circa 20-25 minuti)

e) Mentre la pasta frolla cuoce, preparate il ripieno della crema pasticcera seguendo le istruzioni sulla confezione per fare almeno 2 tazze di crema pasticcera con il latte e lo zucchero rimasto – aggiungete eventualmente colorante alimentare giallo e lasciate raffreddare

f) Una volta pronta la pasta frolla, fatela raffreddare e versateci sopra la crema pasticcera

g) Completare con panna montata, latte condensato, arachidi o frutta a fette (pesche o mango si abbinano perfettamente)

h) Conservare in frigorifero per una notte e servire freddo.

80. Budino di tapioca e banane delle Fiji

INGREDIENTI:

- 1/2 tazza di tapioca perlata piccola
- 3 tazze di latte di cocco
- 1/2 tazza di zucchero
- 4 banane mature, schiacciate
- 1/2 cucchiaino di estratto di vaniglia
- Un pizzico di sale

ISTRUZIONI:

a) Immergere la tapioca in acqua per circa 30 minuti, quindi scolarla.

b) In una casseruola unire la tapioca sgocciolata, il latte di cocco, lo zucchero e un pizzico di sale.

c) Cuocere a fuoco basso, mescolando spesso, finché il composto non si addensa.

d) Togliere dal fuoco e aggiungere le banane schiacciate e l'estratto di vaniglia.

e) Lasciare raffreddare il budino prima di servire. Può essere gustato caldo o freddo.

81. Zuppa di ananas e cocco delle Fiji

INGREDIENTI:

- 1 grande pan di spagna o torta di libbra, a cubetti
- 1 tazza di ananas fresco, tagliato a dadini
- 1 tazza di crema al cocco
- 1 tazza di panna montata
- 1/2 tazza di zucchero
- 1/2 tazza di scaglie di cocco tostato
- Foglie di menta fresca per guarnire

ISTRUZIONI:

a) In un piatto da portata o in una ciotola da portata di vetro, metti a strati la torta a cubetti, l'ananas a cubetti e le scaglie di cocco tostate.
b) Cospargere la crema di cocco sugli strati.
c) Ripetere gli strati fino a riempire il piatto.
d) Completare con panna montata e zucchero.
e) Decorare con foglioline di menta fresca.
f) Raffreddare la sciocchezza per almeno un'ora prima di servire.

82. Crostata al cocco delle Fiji (Tavola)

INGREDIENTI:

- 1 pasta frolla già pronta
- 2 tazze di cocco appena grattugiato
- 1 tazza di zucchero
- 1/4 tazza di burro, fuso
- 2 uova, sbattute
- 1/2 cucchiaino di estratto di vaniglia

ISTRUZIONI:

a) Preriscalda il forno a 180°C (350°F).
b) Disporre la pasta frolla in una tortiera.
c) In una terrina, unisci il cocco grattugiato, lo zucchero, il burro fuso, le uova sbattute e l'estratto di vaniglia.
d) Mescolare bene e versare il composto nella pasta frolla.
e) Cuocere per circa 30-40 minuti, o fino a quando la crostata sarà pronta e la parte superiore sarà dorata.
f) Lasciarlo raffreddare prima di affettare e servire questa crostata al cocco delle Fiji.

83. Budino di banane e cocco delle Fiji

INGREDIENTI:
- 4 banane mature, schiacciate
- 1/2 tazza di cocco grattugiato
- 1/2 tazza di zucchero
- 1/2 tazza di farina per tutti gli usi
- 1/2 cucchiaino di lievito in polvere
- 1/4 tazza di burro, fuso
- 1/2 tazza di latte

ISTRUZIONI:
a) Preriscalda il forno a 180°C (350°F).
b) In una terrina, unisci le banane schiacciate, il cocco grattugiato, lo zucchero, la farina e il lievito.
c) Incorporate il burro fuso e il latte fino a formare una pastella liscia.
d) Versare l'impasto in una teglia unta e cuocere per circa 30-40 minuti, o fino a quando la superficie sarà dorata e uno stecchino esce pulito.
e) Lascialo raffreddare prima di servire questo confortante budino di banane e cocco delle Fiji.

84. Palline di taro e cocco delle Fiji (Kokoda Maravu)

INGREDIENTI:
- 2 tazze di taro, bollito e schiacciato
- 1 tazza di cocco grattugiato
- 1/2 tazza di zucchero
- 1/4 tazza di farina
- 1/2 cucchiaino di estratto di vaniglia

ISTRUZIONI:
a) In una terrina, unisci il taro schiacciato, il cocco grattugiato, lo zucchero, la farina e l'estratto di vaniglia.
b) Mescolare bene per formare un impasto.
c) Formate con l'impasto delle piccole palline e disponetele su una teglia.
d) Raffreddare le palline di taro e cocco in frigorifero per circa un'ora prima di servire.

85. Pane alle banane e ananas delle Fiji

INGREDIENTI:

- 1 1/2 tazze di farina per tutti gli usi
- 1 cucchiaino di lievito in polvere
- 1/2 cucchiaino di bicarbonato di sodio
- 1/2 tazza di zucchero
- 2 banane mature, schiacciate
- 1/2 tazza di ananas tritato, scolato
- 1/4 tazza di olio vegetale
- 2 uova
- 1/2 cucchiaino di estratto di vaniglia

ISTRUZIONI:

a) Preriscaldare il forno a 180°C (350°F) e ungere una teglia.

b) In una ciotola, unire la farina, il lievito, il bicarbonato di sodio e lo zucchero.

c) In un'altra ciotola, mescolare le banane schiacciate, l'ananas tritato, l'olio vegetale, le uova e l'estratto di vaniglia.

d) Unire gli ingredienti umidi e secchi e versare l'impasto nella teglia unta.

e) Cuocere per circa 45-50 minuti, o fino a quando uno stecchino esce pulito.

f) Lascia raffreddare l'ananas e il banana bread prima di affettarlo e servirlo.

BEVANDE

86. Bevanda alla radice di Kava delle Fiji

INGREDIENTI:
- Polvere di radice di kava o radice di kava schiacciata
- Acqua

ISTRUZIONI:
a) In una grande ciotola o "tanoa" (tradizionale ciotola di kava), posizionare la quantità desiderata di polvere di radice di kava o radice di kava schiacciata.
b) Aggiungi acqua nella ciotola e impasta o mescola accuratamente la radice di kava.
c) Continua a impastare o mescolare il composto finché il liquido non diventa torbido e gli estratti di kava si mescolano con l'acqua.
d) Versare la bevanda kava attraverso un colino o un panno per rimuovere eventuali particelle solide, lasciando solo il liquido infuso con kava.
e) Servi la bevanda alla radice di Kava delle Fiji in piccole tazze comuni chiamate "bilo" o "taki" da condividere con amici e ospiti.
f) Nota: la bevanda alla radice di Kava è una bevanda tradizionale delle Fiji consumata da secoli in incontri sociali e culturali. È essenziale bere la kava in modo responsabile ed essere consapevoli di eventuali interazioni con farmaci o condizioni di salute.

87. Frullato di banane delle Fiji

INGREDIENTI:
- 2 banane mature
- 1/2 tazza di yogurt
- 1/2 tazza di latte di cocco
- 2 cucchiai di miele (aggiustatevi a piacere)
- Cubetti di ghiaccio (facoltativi)

ISTRUZIONI:

a) In un frullatore, unisci banane mature, yogurt, latte di cocco e miele.

b) Aggiungi cubetti di ghiaccio se vuoi un frullato più freddo.

c) Frullare fino ad ottenere un composto liscio e cremoso.

d) Versa nei bicchieri e goditi il tuo frullato di banane delle Fiji.

88. Punch all'ananas delle Fiji

INGREDIENTI:
- 2 tazze di succo di ananas fresco
- 1/2 tazza di succo d'arancia
- 1/4 tazza di succo di lime
- 1/4 tazza di zucchero
- 2 tazze di acqua frizzante
- Fette di ananas e lime per guarnire

ISTRUZIONI:
a) In una brocca, unisci il succo di ananas fresco, il succo d'arancia, il succo di lime e lo zucchero. Mescolare finché lo zucchero non si scioglie.
b) Aggiungere acqua frizzante e mescolare delicatamente.
c) Servire il punch all'ananas delle Fiji in bicchieri pieni di ghiaccio e guarnire con fette di ananas e lime.

89. Cocktail Fijiano al cocco e rum

INGREDIENTI:

- 2 once di rum bianco
- 1 oncia di crema di cocco
- 3 once di succo di ananas
- Ghiaccio tritato
- Fetta di ananas e ciliegia al maraschino per guarnire

ISTRUZIONI:

a) In uno shaker, unisci rum bianco, crema di cocco e succo di ananas.

b) Shakerare bene con ghiaccio fino a completo raffreddamento.

c) Filtrare il cocktail in un bicchiere colmo di ghiaccio tritato.

d) Guarnire con una fetta di ananas e una ciliegina al maraschino.

90. Birra allo zenzero delle Fiji

INGREDIENTI:
- 1 tazza di zenzero fresco, sbucciato e affettato
- 2 tazze di zucchero
- 2 tazze d'acqua
- Succo di 2 limoni
- Acqua gassata

ISTRUZIONI:
a) In una casseruola, unire lo zenzero fresco, lo zucchero e l'acqua. Portare a ebollizione e cuocere a fuoco lento per circa 15-20 minuti.
b) Lasciare raffreddare la miscela di zenzero e filtrarla per rimuovere i pezzi di zenzero.
c) Unire il succo di limone.
d) Per servire, riempire un bicchiere di ghiaccio, aggiungere una parte dello sciroppo di zenzero e rabboccare con acqua gassata. Regola la forza a tuo piacimento.

91. Papaya Lassi delle Fiji

INGREDIENTI:
- 1 papaya matura, sbucciata, senza semi e tagliata a cubetti
- 1 tazza di yogurt
- 1/2 tazza di latte di cocco
- 2-3 cucchiai di miele (aggiustatevi a piacere)
- Cubetti di ghiaccio (facoltativi)

ISTRUZIONI:
a) In un frullatore, unisci la papaya matura, lo yogurt, il latte di cocco e il miele.
b) Aggiungi cubetti di ghiaccio se vuoi una bevanda più fredda.
c) Frullare fino ad ottenere un composto liscio e cremoso.
d) Versa nei bicchieri e goditi il tuo rinfrescante lassi alla papaya delle Fiji.

92. Punch al rum delle Fiji

INGREDIENTI:
- 2 once di rum scuro
- 2 once di succo di ananas
- 2 once di succo d'arancia
- 1 oncia di succo di lime
- 1 oncia di sciroppo di granatina
- Fette di ananas e arancia per guarnire

ISTRUZIONI:
a) In uno shaker, unisci rum scuro, succo d'ananas, succo d'arancia, succo di lime e sciroppo di granatina.
b) Shakerare bene con ghiaccio fino a completo raffreddamento.
c) Filtrare il punch in un bicchiere pieno di ghiaccio.
d) Decorare con fette di ananas e arancia per un tocco tropicale.

93. Frullato di ananas e cocco delle Fiji

INGREDIENTI:
- 1 tazza di pezzi di ananas fresco
- 1/2 tazza di latte di cocco
- 1/2 tazza di yogurt
- 2-3 cucchiai di miele (aggiustatevi a piacere)
- Cubetti di ghiaccio (facoltativi)

ISTRUZIONI:
a) In un frullatore, unisci pezzi di ananas fresco, latte di cocco, yogurt e miele.
b) Aggiungi cubetti di ghiaccio se vuoi un frullato più freddo.
c) Frullare fino ad ottenere un composto liscio e cremoso.
d) Versa nei bicchieri e goditi il tuo frullato tropicale di ananas e cocco delle Fiji.

94. Lassi di mango delle Fiji

INGREDIENTI:
- 1 mango maturo, sbucciato, snocciolato e tagliato a cubetti
- 1 tazza di yogurt
- 1/2 tazza di latte
- 2-3 cucchiai di miele (aggiustatevi a piacere)
- Cubetti di ghiaccio (facoltativi)

ISTRUZIONI:
a) In un frullatore, unisci il mango maturo, lo yogurt, il latte e il miele.
b) Aggiungi cubetti di ghiaccio se vuoi una bevanda più fredda.
c) Frullare fino ad ottenere un composto liscio e cremoso.
d) Versare nei bicchieri e assaporare questo delizioso lassi di mango delle Fiji.

95. Mojito al cocco delle Fiji

INGREDIENTI:
- 2 once di rum bianco
- 2 once di crema al cocco
- Succo di 1 lime
- 6-8 foglie di menta fresca
- 1 cucchiaino di zucchero
- Soda del club

ISTRUZIONI:
a) In un bicchiere, pestare le foglie di menta fresca e lo zucchero per liberare i sapori della menta.
b) Aggiungi rum bianco, crema di cocco e succo di lime.
c) Riempire il bicchiere con ghiaccio e colmare con la soda club.
d) Mescolare delicatamente e guarnire con un rametto di menta e una fetta di lime.

96. Tè allo zenzero e citronella delle Fiji

INGREDIENTI:
- 2-3 fette di zenzero fresco
- 2-3 gambi di citronella, tagliati a pezzi
- 2 tazze d'acqua
- Miele o zucchero a piacere

ISTRUZIONI:
a) In una pentola portate a bollore l'acqua e aggiungete lo zenzero e la citronella.
b) Cuocere a fuoco lento per circa 10-15 minuti per infondere i sapori.
c) Togliere dal fuoco e addolcire con miele o zucchero a piacere.
d) Filtrare il tè e servirlo caldo. Questa è una tisana fijiana rilassante e aromatica.

97. Dispositivo di raffreddamento del tamarindo delle Fiji

INGREDIENTI:
- 1 tazza di polpa di tamarindo
- 4 tazze d'acqua
- 1/4 tazza di zucchero (aggiustare a piacere)
- Cubetti di ghiaccio

ISTRUZIONI:
a) In una brocca, unisci la polpa di tamarindo, l'acqua e lo zucchero. Mescolare finché lo zucchero non si sarà sciolto.
b) Aggiungi cubetti di ghiaccio per raffreddare la bevanda.
c) Servi il refrigeratore al tamarindo delle Fiji per un rinfresco dolce e piccante.

98. Kava Colada delle Fiji

INGREDIENTI:
- 2 once di estratto di radice di kava (preparato secondo il metodo tradizionale delle Fiji)
- 2 once di crema al cocco
- 2 once di succo di ananas
- 1 oncia di rum bianco
- Ghiaccio tritato
- Spicchio di ananas e ciliegia al maraschino per guarnire

ISTRUZIONI:
a) Preparare l'estratto di radice di kava secondo il metodo tradizionale delle Fiji.
b) In uno shaker, unisci l'estratto di radice di kava, la crema di cocco, il succo di ananas e il rum bianco.
c) Shakerare bene con ghiaccio fino a completo raffreddamento.
d) Filtrare il cocktail in un bicchiere colmo di ghiaccio tritato.
e) Guarnire con una fetta di ananas e una ciliegia al maraschino.

99. Raffreddatore di anguria e menta delle Fiji

INGREDIENTI:
- 4 tazze di anguria a cubetti
- Succo di 2 lime
- 1/4 tazza di foglie di menta fresca
- 2-3 cucchiai di miele (aggiustatevi a piacere)
- Cubetti di ghiaccio

ISTRUZIONI:
a) In un frullatore, unisci l'anguria a cubetti, il succo di lime, le foglie di menta fresca e il miele.
b) Aggiungi cubetti di ghiaccio per raffreddare la bevanda.
c) Frullare fino a ottenere un composto liscio e rinfrescante.
d) Servi il cocomero delle Fiji e la menta fresca per un'esperienza rivitalizzante.

100. Cocktail di passione delle Fiji

INGREDIENTI:
- 6 once di succo di frutto della passione
- 2 once di succo di ananas
- 6 once di rum scuro (preferibilmente rum delle Fiji)
- 6 once triple sec
- ghiaccio tritato
- frutta fresca (per guarnire)

ISTRUZIONI:
a) Unisci succhi, rum e Triple Sec.
b) Riempire il frullatore con ghiaccio tritato.
c) Frullare fino a ottenere un composto fangoso.
d) Servire in bicchieri da margarita, guarniti con frutta.

CONCLUSIONE

Concludendo il nostro viaggio culinario attraverso "RICETTARIO DERICETTARIO DEI SAPORI TROPICALI DELLE FIJI", speriamo che tu non solo abbia esplorato la fusione unica di sapori che definiscono la cucina delle Fiji, ma che tu sia stato anche ispirato a portare un assaggio delle Fiji nella tua cucina.

La cucina delle Fiji, con la sua enfasi sugli ingredienti freschi e locali e sulla diversità culturale, offre una deliziosa gamma di piatti che possono essere assaporati e condivisi con amici e familiari. Il calore dell'ospitalità delle Fiji e il paradiso tropicale che fa da sfondo a questi sapori possono ora far parte del tuo repertorio culinario.

Ti invitiamo a continuare la tua esplorazione della cucina delle Fiji, adattando e creando piatti che riflettano i tuoi gusti e le tue esperienze. Che tu stia ricreando le tradizionali feste delle Fiji o dando la tua interpretazione ai piatti ispirati alle Fiji, possa il tuo viaggio culinario essere pieno di gioia, sapore e un piccolo tocco di paradiso. Vinaka vakalevu (grazie mille) ed ecco tanti altri piatti deliziosi ispirati alla fusione unica dei sapori delle Fiji.

www.ingramcontent.com/pod-product-compliance
Lightning Source LLC
LaVergne TN
LVHW021657060526
838200LV00050B/2398